普天之下・盡是好書

改變
才能開創造更寬闊

態度，決定人生的高度

江映雪——編著

Attitude, determine the height of life

全集

詩人紀伯倫曾經寫道：

如果理想是人生大船的舵，那麼態度則是人生大船的帆。

確實，一個人面對生活的態度，將會決定自己的人生高度，就像如果一個人不肯改變將自己負面的態度，那麼就注定淪為任人踐踩的泥土。
面對生活中的逆境和困頓，如果仍然保持樂觀積極的態度，那麼眼前這些苦日子，
便是人生風雲再起的超強動力。不論日子再怎麼難過，
都應該要告訴自己用正面的態度面對，只有時時自我鼓舞，才能找到更美好的出路。

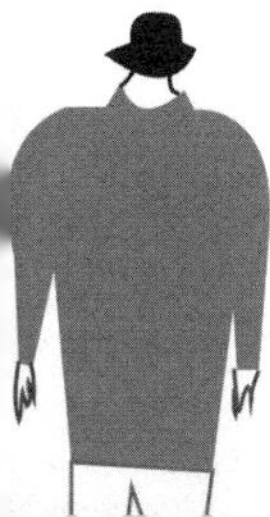

【出版序】

改變態度，會讓生命更有價值

●江映雪

起點在哪裡不重要，把終點設定在哪裡，才是最重要的。一無所有的你，只要付出加倍的努力，一樣有機會可以飛上枝頭。

諾貝爾文學獎得主，前蘇聯作家索忍尼辛曾說：「生命最長的人，並不是活得最久的人。」

確實如此，生命的價值並不在於長短，而在於我們用什麼態度生活。

許多人活在世上的日子並不多，卻活得極有價值，正是因爲他們無論遭逢什麼艱困、不如己意的際遇，都用積極樂觀的態度面對，讓自己在最短暫的歲月當中，活出最美麗璀燦的人生。

有個小孩不僅相貌醜陋，而且說話嚴重口吃。因爲生病的關係，他的左臉局部麻痺，嘴角畸形，說話時嘴巴總是不自主地歪向一邊。另外，他還有一隻耳朵什麼也聽不見。

這名孩子不甘心受人嘲笑，爲了矯正自己的口吃，他模仿古代一位知名的演說家，嘴裡含著小石頭練習講話，一練就是好幾個鐘頭，嘴巴和舌頭都被舌頭磨出血來了，但爲了讓自己說話清楚，他說什麼也不肯放棄。

母親心疼他所受的苦，流著眼淚對他說：「孩子，其實你什麼都不會也無所謂，媽媽會照顧你一輩子的。」

「不，媽媽，」小孩安慰母親說：「我看書上寫說，每隻蝴蝶都是衝破束縛自己的繭以後，才能化身爲一隻美麗的蝴蝶。我也要努力讓自己變成一隻漂亮的蝴蝶。」

皇天不負苦心人，經過長時間的訓練，小孩總算能夠流利說話了。他的勤

奮和努力，也幫助他在學校裡取得優異的成績。

長大之後，他參加全國總理大選。

他的競選對手不斷在電視廣告上播放他那張帶有缺陷的臉，並不懷好意地運用廣告詞說：「你要這樣的人來當你的總理嗎？」

然而，對手這樣惡質的人身攻擊行為，反而令他得到更多選民的同情與注意，他以「我要帶領國家和人民成為一隻美麗的蝴蝶」作為競選口號，最後成功當選為總理，並且連任兩屆，成為加拿大人心目中永遠的「蝴蝶總理」——讓．克雷蒂安。

成功學大師戴爾．卡耐基曾經勉勵我們：「如果自己非常想要做的事情未能成功，不要立刻接受失敗，試試別的方法，因為，你的弓不會只有一根弦，只要你願意找到另外的弦。」

確實如此，改變人生高度最正確的做法，就是改變自己一成不變的消極想

法和急欲放棄的念頭，用積極的想法和靈活的思維，勇敢面對眼前的困境。

負面的想法足以敗事，僵化的思維讓人一事無成。人往往因爲改變不了消極的念頭，掙脫不了狹隘的視野，才會失去成功的機會。

起點在哪裡不重要，把終點設定在哪裡，才是最重要的。

這個世界當然不公平，有人長得醜，有人長得漂亮，有人聰明有人愚蠢，有人富裕有人貧窮，唯一比較公平的一點是，每個人都可以透過正確的態度，改變自己的人生高度。

也許你的起點比別人低，也許你身上的籌碼沒有別人多，但是你可以選擇停留在原地，或是努力趕上前面的人。

含著金湯匙出生的人的確比較幸運，但是一無所有的你，只要付出加倍的努力，一樣有機會可以飛上枝頭。

命運決定了生命的起跑點，但是跑步的速度卻掌握在自己的手中。生爲一條毛毛蟲或許是宿命，但是否要一輩子都活得像條蟲，則是由自己決定。

【PART1】運用優勢，才能扭轉情勢

無論是與生俱來或後天努力習得的利器，像是充沛的財富、傲人的頭銜等優勢，若沒有善加利用，充其量只是外在的一項裝飾。

【PART 2】讓偶然的經驗成為成功的關鍵

成功或許很不容易，但也不完全是偶然。獲得成功的方法，無非是當運氣來臨時，你也剛好抓住它。

【PART3】

要出頭，小事也要用智謀

把握每一次出擊的機會，從生活中的小細節開始落實腦中的想法，才有機會出頭、引起注意。

【PART 4】

缺點可以變為成功的要件

人要先認識自己，才能超越自己。缺點不足以阻礙你的成功，不知道自己的缺點，才會是通往成功路上的最大絆腳石。

【PART 5】

勇敢闖蕩，就有無窮希望

面對新的事物，要勇於去開拓，在不斷挑戰新的困難時，才能逐漸變得更加強大，變得不可替代。

PART 6

改變，使成功機會無限

人生充滿了許多機會，每個機會都代表一個人生轉捩點，可能使你揮別失意的現況，或是打開另一個更加開闊的視野。

PART7 在有限的生命活出無限的意義

只要我們能夠在最短的時間裡完成最多的事情，也就等於是在有限的生命中活出了無限的意義。

【PART 8】

用不服輸的精神挑戰不可能

試著去挑戰不可能的任務，才能接觸到嶄新的領域，鍛鍊出更剛強的自己，就算最後沒有得到預期的收穫，也雖敗猶榮。

【PART 9】看重自己，別人才會看重你

不讓他人踐踏自己，懂得尊重自己，同時也維持對自己專才的尊重，如此一來才能贏得他人的敬重。

PART 10

面子不是最重要的事

你的主動表現了你的友善和大方，唯有放下無關緊要的「面子」，才能找回人生的希望。

【PART 11】

走出壞情緒，會發現更多樂趣

壞情緒總該有個盡頭，除非你選擇要永無止盡地沉溺在裡面。要不要回到平靜的岸邊，決定權掌握在自己手中。

PART 1

運用優勢，才能扭轉情勢

無論是與生俱來或後天努力習得的利器，像是充沛的財富、傲人的頭銜等優勢，若沒有善加利用，充其量只是外在的一項裝飾。

就算是小事，也不可輕易忽視

越是雞毛蒜皮的小事，越不能輕易忽視。正因為那是小事，我們更應該要花最少的時間把它做到最好，才有出頭的機會。

二十世紀中期，英國作家雅各發表了一本撼動全球的小冊子，這本冊子裡詳細記載了德國希特勒軍隊的組織機構、各個軍區的概況、參謀部人員部署，以及其中一百六十多名指揮官的姓名和簡歷，甚至連剛剛成立不久的裝甲師內部的步兵小隊，也在這本冊子中披露無遺。

這本冊子發表後，希特勒大發雷霆，因爲裡頭敘述的全都是極重要的軍事機密，怎麼可能會被一個英國人知道呢？究竟是誰向他洩漏了這些機密？

德國情報機構把雅各綁架到柏林，逼問他消息的來源。

但是雅各的回答卻令人大吃一驚，他坦然地說：「我全部的資料，都是來自德國的報紙。」

原來，雅各花了很長的一段時間，一直細心地閱讀德國大大小小的報刊，蒐集軍事方面的報導，不管任何大大小小的資料，他都一一摘錄下來，就連某某將軍結婚的消息也不放過。

之後，他再根據資料的內容進行分類，把所有零星的消息編排在一起，交錯分析、比較、推論，結果就拼湊出一幅完整的德國軍隊組織狀況圖。

態度，決定人生的高度

看似不重要的細節，其實正是堆砌成功的磚瓦。

鴻海董事長郭台銘說：「魔鬼都在細節裡。」意思是說，如果不想出錯，就不能放過每一個細節。

星雲法師也曾言：「『小』有很多功用，小小的微笑，給人無限的歡喜；小小的愛語，給人無邊的受用；小小的善行，給人無量的因緣；小小的故事，給人無盡的啟示。但是，『小』也不可輕，諺語有云：『小孔不補，大孔叫苦。』佛教也說：『一念瞋心起，百萬障門開。』」

「星星之火，足以燎原」，哪怕是一點點的星火，都要謹慎小心；不將它熄滅，遇緣成了大火，將會禍害無窮。

《毘尼日用》曰：「佛觀一缽水，八萬四千蟲。」細菌雖小，肉眼無法看得見，但是不良的細菌若在身體裡不斷滋生，卻會造成人體百病叢生。

越是雞毛蒜皮的小事，越不能輕易忽視。不要因爲那是小事就不去做，正因爲那是小事，更應該花最少的時間把它做到最好，才有出頭的機會。

在這個競爭激烈的時代，注重細節還不夠，更要注重細節中的細節，如此才不會被世界淘汰。

運用優勢，才能扭轉情勢

無論是與生俱來或後天努力習得的利器，像是充沛的財富、傲人的頭銜等優勢，若沒有善加利用，充其量只是外在的裝飾。

一名弟子上山學藝，就在他快要學成下山時，師父給了他一道難題，命令他必須通過九九八十一關的艱難考驗才能畢業。

挑戰之前，師父給了弟子一個法寶，裝在他的包袱裡，並且告訴他說：「這個法寶有著異想不到的妙用，不管你走到哪裡，都要帶著它，它可以保佑你逢兇化吉、遇難成祥。」

果真，靠著這個法寶，弟子平安渡過了無數的山川與廣闊的沙漠，也輕鬆

地戰勝了嚴寒酷暑。靠著這個法寶，他總算順利地闖過了前面的八十個難關。最後一關，是一座險峻的大山。弟子希望這個法寶能夠給他一身輕功，讓他翻山越嶺，無往不利。

只是，不知道是這座大山實在太高，還是這個法寶的作用有限，弟子爬到半山腰時，遇到一處懸崖，不管如何使勁都爬上不去。好幾次，他幾乎要成功攀上去了，但是由於包袱裡的那個法寶太重，讓他使不上力。

原本一路上都在幫助他的法寶，此時反而成了他的阻礙。

就這樣，弟子在懸崖下徘徊了三天三夜，心裡開始對師父的叮嚀產生了懷疑，猶豫著是不是應該把法寶丟掉。正在此時，師父出現了。

師父問他遭遇到什麼問題，弟子說：「法寶失靈了。」

面對一臉挫敗的徒弟，師父神態自若地笑著：「看來，你還沒有完全領略到我的教誨啊。所謂的法寶，或許有通天的本事，但也只是助你一臂之力而已。就拿現在來說吧，與其寄望法寶賜給你神奇的力量，爲什麼不乾脆拿它來當墊腳石，幫助你少花一點力氣呢？」

故事中的這個「法寶」，正是我們平時仰賴的東西，無論是財富、地位或是美貌。每個人都有自己的優勢，但是很少人懂得善用自己的優勢，更少人知道要如何將自己的劣勢轉化爲強悍的優勢。

無論是與生俱來或後天努力習得的利器，像是充沛的財富、傲人的頭銜，甚至是姣好的外貌等優勢，若沒有善加利用，充其量只是外在的裝飾罷了。財富、地位、容貌……並不是讓你在人前誇口用的，而是要讓你好好發揮，獲得有利形勢，以便一展長才。

倚賴優勢，會使發展受到限制，唯有發揮優勢，出路才無遠弗屆。不要去想才能會帶來什麼好處，而要思索怎樣才能將長才發揮得恰到好處。

行動積極，才不會坐失良機

我們都擁有無法計量的潛力，能夠達成的事有時連做夢都想不到，只是往往缺乏積極的心態，錯失許多成功的機會。

一九三〇年，一名二十多歲的美國婦人養育了三個孩子和一群雞鴨。那年，當一窩雞蛋快要孵化時，生蛋的母雞卻意外身亡。婦人只好把雞蛋移到灶頭，採用人工孵化的方式。

小雞出世以後，第一眼就看見少婦，以爲那就是牠們的媽媽，總是在少婦腳邊跟前跟後，儘管少婦挑選了另外一隻母雞來照顧牠們，但是小雞們卻不能接受自己的「繼母」，結果因爲缺少母雞的庇護而紛紛夭折。

少婦從此領悟出一個道理，她知道小雞小鴨總是把出生以後看到的第一個在眼前晃動的物體當做媽媽，而且以後很難改變。

在此同時，遙遠的奧地利那邊，有個名叫洛倫茲的小夥子正在觀察一群小動物。一九三五年春天，洛倫茲從醫學院畢業，偶然發現一隻剛出世的小鵝總是喜歡跟著自己，幾經分析之後，他推論這可能是因爲這隻小鵝出世以後第一眼看見的物體是人，所以把人當做了牠的母親。

一連串的實驗之後，洛倫茲總結出「銘記現象」，又稱「認母現象」，成爲現代動物行爲學的創始人，並於一九五三年獲得諾貝爾醫學生理學獎。

儘管那名美國婦人早在好幾年前就已經發現了動物的這種行爲模式，但是她並沒有藉此進行研究，也不能提出一套理論，建立一門學科，所以不管她曾經與諾貝爾獎多麼接近，終究還是與它無緣。

成功者與失敗者的差別只在於：成功者比失敗者多做了一點，成功者比失敗者多跨了一步。

其實，我們都擁有無法計量的潛力，能夠達成的事有時連做夢都想不到，只是往往缺乏積極的心態，錯失許多成功的機會。

人生就像是一場馬拉松賽，開始的時候，參賽者衆多，到了中途，人群漸漸稀少了，到後來，場上只剩下幾個人在跑，跑著跑著不免感到孤單，甚至開始懷疑自己的能力……

大多數人都是在這個時候放棄的。

還沒看到失敗，就已經放棄成功的機會。

成功要忍受許多孤單，並不像表面那麼簡單。但既然已經上路了，那就認眞跑下去吧！只要心中了解自己的終點在哪裡。

能解決問題的就是好辦法

假使聰明的方法並不能解決問題，那麼為什麼不嘗試用一個笨方法呢？只要能解決問題的，就是好方法。

十九世紀末期，邵爾斯公司是當時規模最大的打字機公司。由於當時機械技術還不夠完善，字鍵在敲擊之後，需要花上一秒鐘的工夫才能彈回來，然而，打字員擊鍵的速度都非常快，因此經常產生兩個字鍵重疊在一起的現象，打字員必須要中斷打字，用手將字鍵分開，造成許多困擾，讓整個作業流程無法順暢進行。

爲了解決這個問題，邵爾斯公司的高階主管及技術人員絞盡腦汁，都想不

出可以一勞永逸的解決方案，因爲無論他們多麼努力，也沒有辦法再加快字鍵彈回的速度。後來，一名小職員突發奇想，提議說：「打字機疊字的原因，一方面是因爲字鍵彈回的速度太慢；另一方面，也是因爲打字員擊鍵的速度太快。既然我們沒有辦法提高字鍵彈回的速度，爲什麼不想辦法降低打字員擊鍵的速度呢？」

此話一出，立刻贏得大多數人贊同。他們經過一番仔細研究之後，發現如果要降低打字員打字的速度，最簡單的辦法就是打亂二十六個字母的排列順序，把比較常用的字母放在較爲笨拙的手指下，把那些不常用的字母放在比較靈敏的手指下面。

這個改變的確大大改善了打字機疊字的情況，直到今天，我們都仍然延用那一套鍵盤字母的排列順序。

雖然早已有人發現這樣的排列方式會降低打字的效率，不斷地發明新的、更有效率的鍵盤排列樣式，然而，在市場上卻始終乏人問津，可見「習慣」之於人的力量有多麼強大！

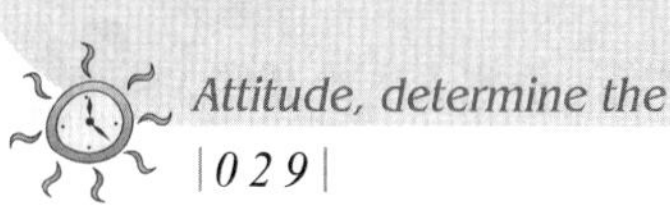

態度，決定你的人生高度，就算身處逆境之中，也不能輕易地心生絕望，而是要帶著希望與堅強勇敢走過眼前的黑暗，用信心迎接黎明的到來，讓自己的生命更有價值。

假使聰明的方法並不能解決問題，那麼爲什麼不嘗試用笨方法呢？

曾經有位財經記者研究有錢人的理財模式，驚訝地發現，只有小部分的有錢人是靠金融投資來理財的，絕大部分的有錢人，都沒有什麼特殊的理財方法，他們只是傻傻的把錢放在銀行裡而已。

可見看似聰明的方法未必有用，愚蠢的方法也未必有什麼不好。如果那些不善投資的有錢人選擇比較投機的方式理財，說不定早就把家產賠光，反而是用比較笨拙的方法，才可以安穩踏實的累積財富。

因此，不管是笨想法、妙點子，只要能解決問題的，就是好方法。

破除框線，希望才會無限

不要小看那些「普通人」，他們也許武藝不精、功夫不強、身手不矯捷、學識不精通，但是他們是在框線之外，你卻是在框線之內。

如果你必須和人打架，你會選擇一名普通人，還是一位空手道冠軍？相信凡是有腦子的人，都會選擇和普通人交手。因爲光是「空手道」這三個字，就足以令人聞風喪膽。

空手道選手一出拳，不但拳拳到肉，而且打架對他們來說根本就是家常便飯，一般人怎麼可能贏得了他們呢？

然而，事實上並不一定如此。

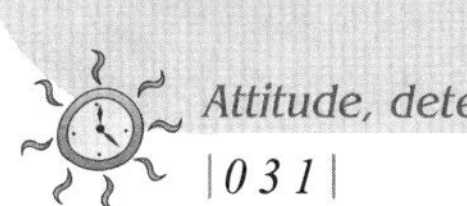

美國有一則新聞報導，在高速公路上有兩輛車因爲些微擦撞，兩名駕駛員一言不和，就在路邊打起架來。

這兩名駕駛員，一個是普通人，另外一位則是知名的空手道冠軍，結果交手不到幾分鐘，空手道冠軍居然輸了！

這樣離奇的結果登上了美國報紙的頭版新聞。

報社記者分析空手道冠軍之所以敗北的原因，是因爲「空手道冠軍有一個習慣，就是不打頭部，腰部以下也不打」。可是普通人哪管那一套規矩，他只管打架，沒有任何包袱與約束，一拳就狠狠打在空手道冠軍的鼻子上，當場就讓對方倒地不起。

態度，決定人生的高度

驕傲自滿是要不得的，它會導致盲目自信，甚至不思進取。

一個人會的東西越多，身上的束縛反而越重。就像飯店裡的大廚回家炒菜

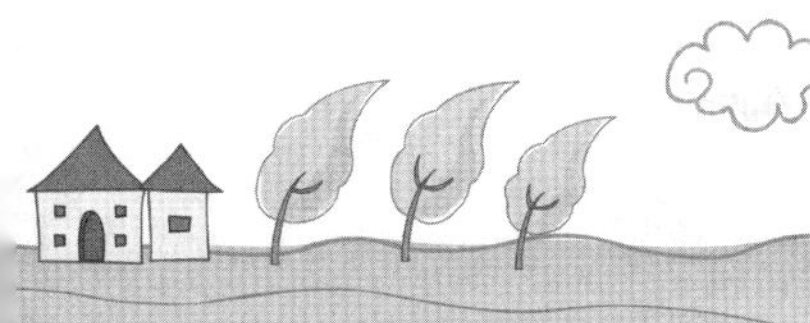

一樣，絕對沒有家庭主婦得心應手，因為他必須使用專業級的器具，拿出專業級的技巧，花的功夫與時間，當然也是專業級的。

人的認知和觀念都源於過去的生活經驗，生活中遭受過許多挫折和打擊的人，很少有自負的心理，相反的，生活過於平順，則很容易養成自負的性格，常對自己的評價過高，總是低估別人的能力，最後導致慘敗的下場。

不要小看那些「普通人」，他們也許武藝不精、功夫不強、身手不矯捷、學識不精通，但是他們是在框線之外，你卻是在框線之內。

他們有著無限的可能，而你卻遲遲不敢打破規矩。只因為你知道你自己是誰，他們卻誰都可以是。

遇事必先冷靜判斷才能決斷

與其花時間去為不知道正確與否的結論煩惱，不如大膽心細一點，然後再下判斷吧！

一群在叢林裡探險的人，意外在一棵樹下發現一叢蘑菇，深紫色的蕈傘散發出可口誘人的香氣，令人口水直流。拗不過眾人的要求，隊長只好同意把這些不知名的蘑菇當作午餐。

就在蘑菇煮好之後，處事比較謹慎的約翰提醒大家：「很多蘑菇都含有劇毒，最好還是先試驗過以後再吃。」

說著說著，約翰就把一塊蘑菇扔給身旁的狼狗，飢腸轆轆的狼狗毫不遲疑

地一口吞了下肚。

半個小時過去了，那條狼狗安然無恙，仍然活蹦亂跳，大夥於是放心地把剩下的磨菇送進肚裡。

吃完午飯後，大家開始打包回家，準備結束這幾天的探險之旅。

沒想到車子開到市區後，約翰立刻慌慌張張地跑過來告訴大夥說：「不得了啦，那條狼狗死了！」

這下子，大家慌張了，一個個立刻趕到醫院吃藥、洗胃，吃苦又受罪。

幸運的是，經過及時治療，每一個人都平安無事。

晚上回到家裡，隊長特地撥個電話給約翰，通知他說：「你放心吧，我們每個人看了醫生後，都沒有什麼大礙。對了，那條狗死的時候你有看見嗎？情況一定很悽慘吧！」

「是嗎？」約翰說：「我是沒有看見啦，我的車子從牠身上壓過去的時候，速度非常快，牠根本連叫都沒叫，就斷氣了。」

看到黑影就開槍，看到光影就膜拜，這是大部分人的習慣。

故事中的那群人一聽到狼狗死了，第一個反應是——牠一定是被毒死的，沒有人再多問一聲：「牠是怎麼死的？」因此平白無故地受了許多罪。

由此可見，無論是聽到一個消息，或是遇到一個問題時，都不應用「想當然爾」的想法判斷。

在了解事情的全貌前，任何驟下的結論，早已失去判準，如何確保正確無誤？與其花時間去為不知道正確與否的結論煩惱，不如大膽心細一點，謹慎行之，先把燈打開，然後再下判斷吧！

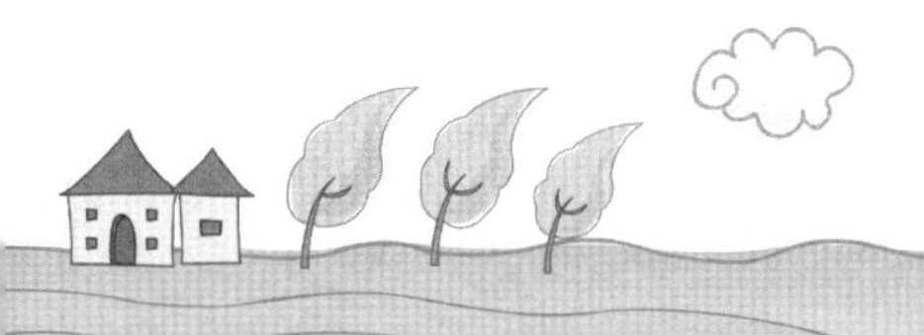

不膽怯，才可能帶領世界

面對問題時，遲遲不肯跨出步伐，只好把機會拱手讓人，眼睜睜地看他人奪取先機，成為新世界的領航者。

某位名滿天下的法國數學家，曾經受邀到劍橋大學演講。數學家一站上講台什麼話也沒說，只是在黑板上寫下了個問題：「二加二等於多少？」

接著，他轉頭問台下這群慕名來聽課的學生：「誰能告訴我答案？」

這些演算過無數複雜算式的高材生個個面面相覷，不知道這位名數學家葫蘆裡賣的是什麼藥。沒有人敢舉手發言，因爲大家都認定這是個表面簡單，實際上卻非常深奧的問題。

終於，有個坐在角落的學生鼓起勇氣舉手了，膽怯地回答：「二加二不就等於四嗎？」此話一出，引起一陣哄堂大笑。因為「二加二等於四」，這不是廢話嗎？哪還用得著他說？

然而，數學家卻對那名同學的回答非常滿意，特地走過去拍拍那個男孩的肩膀示以讚許，並嚴肅地對在場的學生說：「是啊，這是個連幼稚園學童都會回答的問題，但是除了這名同學之外，居然沒有一個人敢舉手回答，你們其實是被自己的猜測嚇倒了！」

態度，決定人生的高度

困難的問題碰多了，面對簡單的小事，我們自然會用比較謹慎的態度處理，這是再正常不過的事。

只是，這群大學生犯的錯不是不敢回答這麼一個簡單的問題，而是不停猜測數學家為什麼要問這樣的問題。他們遲遲不敢回答這個問題，說明了他們是

多麼在意別人的眼光。

世界是個不斷更新的建構物，過去是原始世界，寄信到美國需要至少一週的時間，現在是數位世界，發一封電子郵件或是傳送訊息，即使是遙遠的紐約，幾秒鐘就可以收到。此刻我們尚無法預知未來可能發生的變動，唯有秉持「勇於嘗試」的精神，才能迎接新世界的來臨。

顧慮他人的目光、在意自己的身分，使我們面對問題時，感到猶豫與怯懦，遲遲不肯跨出步伐，只好把機會拱手讓人，眼睜睜看他人嶄露頭角，奪取先機，成爲新世界的領航者。

窩在安全線之後的怯懦者，永遠都只能是遼闊大海的一隻小魚蝦。

別人愛笑就笑吧，有什麼關係？犯錯可以補救，但若因爲怕被人嘲笑而不敢嘗試，可是會連答對的機會都錯過！

創意，來自集思廣益

每個人接觸的環境不同，想法不同，看事情的著眼點自然也會不同，彙集眾人的智慧，才可獲得廣大的效益。

一天，日本岡田屋百貨公司的老闆岡田先生閒來無事，特地去巡視賣場。巡視賣場是他每個禮拜都要做的事，因爲在百貨公司裡轉一圈，不但可以和每個員工打打招呼，也可以順便了解一下各部門實際運作的情況。

正當岡田先生來到廚房用品部的時候，有兩名前來買菜的主婦認出他來，很親切地對他說：「岡田先生，很難得遇見你。既然遇到你來巡視，那我就順便對你說說我的想法吧。」說著，主婦拿起手中的一個她已經研究了很久的切

菜板，繼續說：「這切菜板不知道是哪一家廠商出的，我老覺得不太實用，如果可以把它做得再窄一點、再長一點，符合流理台的形狀，切青菜的時候也夠長，不是好用多了嗎？」

岡田先生聽了以後，心裡產生了一個想法。他想，這兩位主婦居然能夠對產品有這麼貼心的建議，說不定其他主婦對產品也會有很多創新的想法。如果可以把這些想法蒐集起來，讓廠商們改進，這樣不就會有更多顧客喜歡來這間百貨公司購物了嗎？

沒多久，岡田屋百貨公司推出了一次「購買意見」的活動，請前來購物的家庭主婦踴躍提出對於各項產品的建議，建議獲得採用的人，公司將會贈送價值一萬日圓的禮券。此項活動得到家庭主婦非常熱烈的參與和響應，這些實用而創新的點子也爲岡田屋百貨公司的業績帶來了數億元的利益。

集思廣益的精髓，在於尊重差異。重視不同個體的不同心理、情緒與智能，以及個人眼中見到的不同世界，可以讓我們眼中的世界更爲寬廣。

每個人接觸的環境不同，想法不同，看事情的著眼點自然也會不同。一個有遠見的領導者，必定知道察納雅言的重要。唯有心胸狹窄的領導者，才會有「唯我獨尊，只有我說了算」的念頭。

所謂的創意，正是來自於集思廣益，應該多聽取別人的意見。對方的意見與自己的相同，說明了英雄所見略同；對方的意見若是與自己不同，可能是對方注意到自己忽略的細節。

彙集衆人的智慧，才可獲得廣大的效益。

從平凡中開創不平凡

倘若能夠善用自己身邊的每一分資源，掌握每一次機會，即能從平凡中開創不平凡的格局。

尼達還不到二十歲，就進了比利時的哈羅啤酒廠工作。

那時，他喜歡工廠裡一個很漂亮的女孩子，那女孩卻對他說：「我是絕對不會看上一個像你這麼普通的男人的。」

於是，尼達決定發憤圖強，努力讓自己變成一個不普通的男人。

當時哈羅啤酒廠的業績一年比一年差，因爲營業額不夠高，啤酒廠沒有辦法在電視或報紙上做廣告。因爲沒有做廣告，哈羅啤酒的銷售量更差了。

在銷售部門工作的尼達幾次建議廠長做電視廣告，但是都慘遭拒絕。因此，尼達決定冒一次險，他貸款承包了啤酒廠裡的銷售工作，決定要想個辦法打響哈羅啤酒的名聲。

一天，他徘徊到了布魯塞爾市中心的廣場，看見廣場中心的撒尿男孩的銅像。這個銅像是爲了紀念一名用自己的尿澆滅了侵略者炸城的導火線，從而挽救了這個城市的小英雄。尼達看著這尊銅像，靈機一動想出了個絕妙點子。

隔天一早，路過廣場的人們發現尿尿小童的尿變成了色澤金黃、泛著泡沫的「哈羅」啤酒，旁邊豎立一塊看板，上頭寫著「哈羅啤酒免費品嚐」。

有免費啤酒可喝的消息很快就在市中心傳了開來，成千上萬的民衆從家裡拿出自己的瓶子杯子，排隊去接啤酒喝。

孩童雕像灑出的尿，竟是美味的啤酒，讓遊客大譁，爭相尋覓這種啤酒。

電視台、報紙、廣播電台爭相報導這件奇事壯舉。哈羅啤酒這年度的銷售量高達上一年度的十八倍，尼達也因此成了一個一點兒也不普通的男人。他成爲聞名布魯塞爾的銷售專家，也當上哈囉啤酒的營銷總監，由他策劃的啤酒文

化節會在歐洲多個國家盛行多年。

這其實是視覺上的「出人意表」宣傳法，如果你掌握此法，就可以拓展運用到其他方面，包括聽覺、嗅覺、味覺、觸覺等。

想要達到宣傳效果，不一定要循傳統的方式花錢買廣告版面，還有另一種方法，是讓自己變成一則新聞，自然而然地躍上媒體。

辦法是人想出來的。有資金可用，能買到許多出名的機會，但沒錢，也能運用創意吸引眾人的目光，差別只在於要不要花心力，動腦思索罷了。

這個世界只有少數人天資聰穎，絕大多數的人都是平庸之輩。我們身處的環境其實也大同小異，倘若能夠善用自己身邊的每一分資源，掌握每一次機會，即能從平凡中開創不平凡的格局。

PART 2

讓偶然的經驗成爲成功的關鍵

成功或許很不容易，但也不完全是偶然。

獲得成功的方法，無非是當運氣來臨時，

你也剛好抓住它。

讓偶然的經驗成為成功的關鍵

成功或許很不容易，但也不完全是偶然。獲得成功的方法，無非是當運氣來臨時，你也剛好抓住它。

古埃及時代，有位貴族宴請賓客，在一個重要的場合中，有一名廚師因爲太過緊張，竟不愼將一盆油灑在炭灰裡。

廚師一邊在心裡譴責自己，一邊清理那堆沾滿油脂的炭灰。事後，當他準備要把沾了油脂和炭灰的雙手洗乾淨的時候，奇妙的事情發生了！平時最難洗的油污，這一次竟然很快就洗乾淨了。

聰明的廚師沒有讓這個機會白白溜走，馬上叫來其他廚師，讓他們也嘗試

這種炭灰洗手的新發現，結果成效卓越，人類歷史上最早的肥皂於焉誕生。

如果你認爲這只是偶然之中的偶然，那麼請繼續看看下面這則故事。

喬治是一名在酒吧打工的年輕人，每天負責的工作就是把廠商送來的酒，按不同的品種分別倒進相應的大酒缸裡，再賣給客人。

雖然喬治非常用心想要做好這份工作，但還是難免會犯錯。一次，他因爲超時工作，實在太疲倦了，迷迷糊糊中，竟把酒倒錯了缸子，使得A品牌的酒和原來酒缸裡B品牌的酒混在一起。

喬治發現他的失誤之後，害怕得說不出話來。他知道這兩種酒非常名貴，如今他只能等著被炒魷魚或扣薪水。

就在這個時候，正好有一名顧客指定要喝這種酒。喬治還來不及向同事宣佈他幹下的蠢事，他的同事就已經舀了一杯酒，端到客人面前。

站在一旁不知所措的喬治已經準備好要迎接客人的痛罵，沒想到客人喝了一口混合在一起的酒之後，竟然讚不絕口，一連點了好幾杯。

這次機會使喬治靈光一閃：爲什麼不把不同的酒混在一起，調成與衆不同，

別的地方買不到的酒呢？

經過一段時間的試驗之後，喬治的特調雞尾酒上市了，這種酒一出現，立刻取代傳統酒的位置，成爲顧客的新寵，喬治也因此由小小的夥計搖身變成收入豐厚的大老闆。

人生中，意外、挫折、痛苦、磨難是無法避免的考驗，唯有改變遇到困難就坐以待斃的錯誤態度，才能找到正確的方向，編織屬於自己的幸福之舞。

英國醫學家弗萊明曾經說過一句名言：「不要坐著等待運氣降臨，應該要努力去掌握機會。」

成功或許很不容易，但也不完全是偶然。獲得成功的方法，無非是當運氣來臨時，你也剛好抓住它。

換句話說，那些不成功的人，不是因爲沒有運氣，而是因爲他們沒有好好

捉住自己的幸運。

在這個無奇不有的城市裡，每天都有許多新鮮事在我們身邊發生，有的人從中發掘靈感，有的人卻只是任由歲月流逝。有人因而改變世界，有人卻依舊坐在那兒感嘆時運不濟。

你是哪一種人？又想要當哪一種人？

所有廣闊的事業版圖，其實都是從一個小點開始擴張的。我們該做的，是不要錯過生命中的任何一個小點，那或許只是個偶然的經驗，但說不定會是千載難逢的成功機會。

相信自己，能面對任何打擊

一個有自信的人，面對挫折打擊的時候能夠表現得比較堅強，因為他永遠不會放棄希望。

美國著名女演員蘇尼亞．史密斯小時候在渥太華郊外的一座牧場生活。一天，她放學回家以後，哭哭啼啼地跑回家裡。父親問她出了什麼事，蘇尼亞嗚咽著說：「班上一個女生說我長得很醜，還說我跑步的姿勢很難看。」

父親聽了以後，並沒有做任何表示，只是忽然對女兒說：「我能摸得著咱們家的天花板耶。」

蘇尼亞哭得正傷心，不懂父親爲什麼在這個時候突然說這種話，於是反問

道：「你說什麼？」父親再度重複一遍，以十分肯定的語氣說：「我說，我能摸得著咱們家的天花板。」

蘇尼亞懷著半信半疑的態度抬頭看看天花板，那將近四公尺高的天花板，父親怎麼可能摸得到呢？

父親看著她疑惑的神情，笑著說：「妳看吧，既然我說的話妳不相信，那麼妳也別信那女孩的話，因為有些人說的話並不是事實。」

態度，決定人生的高度

看了這則故事，讓人覺得蘇尼亞的父親眞了不起，簡簡單單的一句話，就幫助女兒找回了自信。

缺乏自信是現代人的通病，一名教育家曾調侃說：「台灣的教育讓成績優異的孩子缺乏自信，讓成績平庸的孩子非常自卑。」不禁令人心有戚戚焉。

自信是成功的基石，也是父母給孩子最好的禮物。

一個有自信的人，不會在意外界對他的褒貶毀譽，因爲心中清楚自己是塊什麼料，他人隨口的言論，不代表絕對的價值。

一個有自信的人，面對挫折打擊的時候能夠表現得比較堅強，因爲他永遠不會放棄希望，深信自己只要努力不懈，肯定會有個美好的未來。

一個有自信的人，能夠勇敢地跨出步伐，往目標邁進。因爲他相信自己做得到，所以眞的成功了。

所謂的自信，其實就是對自己有足夠的了解。了解自己的長處，同樣也了解自己的短處，如此才能充分發揮長處，同時也坦然接受短處。

自信心是靠後天培養的。把別人比下去只會帶來優越感，並不會讓自信心增強。一個眞正有自信的人，不會輕易和他人比較，因爲他心裡明白，無論是比輸或比贏，這個世界都再也找不到第二個自己。

只要換個念頭，就會發現每個人都是獨一無二的，都有機會在這個世界發光發熱，單憑這一點，我們就有了自信的理由。

自己的人生，要由自己決定

生命要靠自己琢磨出味道，未來也只能依靠自己的雙腳前進。要如何邁出步伐，是由自己做決定。

托馬斯．S．艾略特是位著名的詩人，他的詩歌《荒原》奠定他在詩壇上的重要地位，也開創了西方現代詩歌的新視野。

艾略特於一九二七年加入英國籍，一九四八年獲得諾貝爾文學獎，聲名顯赫一時，吸引許多文壇新秀崇仰，莫不以他爲典範。

一次，有位二十二歲美國詩人剛從哈佛大學畢業，準備啓程前往牛津深造。面對茫茫的未來，年輕詩人感到既困惑又迷惘。

在一次偶然的機會下，年輕詩人認識了鼎鼎大名的艾略特，就好像是在廣闊大洋中尋獲陸地一般，心中非常欣喜，期望這位前輩能夠給他一些建議，爲他指點未來的明路。

艾略特想了想說：「四十年前，我從哈佛去牛津。現在，你也要從哈佛去牛津。我能給你些什麼忠告呢？」正當年輕人屏氣凝神，準備洗耳恭聽時，艾略特停頓了片刻，緩緩地說道：「千萬記得帶長袖內衣。」

態度，決定人生的高度

連諾貝爾獎得主都不敢輕易給人忠告了，平凡如我們，又有什麼資格隨便插手他人的事？

我們都曾年輕過，面對不可測的未來，難免懼怕怯懦。這時若有成功人士願意給予幫助，我們是否會毫不猶豫地盲從呢？

一句正確的忠告足以扭轉一個人的一生，反過來說，一個錯誤的建議也可能會引導他步向毀滅。幫助迷途羔羊的方式不是告訴他終點在哪裡，而是要引導他找出自己真正想走的路。

年輕人凡事應該多參與、多學習、多體驗，不害怕失敗，不害怕重來，慢慢的就會出人頭地。

人要成長，需要不斷嘗試，多做、多說、多看、多用心想，這就是經驗的累積。生命要靠自己琢磨出味道，未來也只能依靠自己的雙腳前進。要如何邁出步伐，是由自己做決定，我們才是自己人生的主宰。

當身邊的人陷入迷惘時，不要太過熱心地貢獻「你的」看法、「你的」意見，而是要幫助他傾聽自己內心的聲音，幫助他找出心中真正的想法。

這樣才是真的在幫他，否則，不管提供多好的意見，都只是希望他依照你的方式過生活！

想出人頭地，要避免多疑

有了疑心，應該提出來問清楚，否則，把它放在心裡面，不但個人智慧不能增長，未來更無法出人頭地。

美國總統安德魯．傑克遜在妻子死後，對自己的健康狀況變得異常擔憂，由於家中已經有好幾個人死於癱瘓性中風，傑克遜非常害怕自己也會遭受同樣的病症。他一直生活在這樣的陰影之下，認爲自己中風只是遲早的事。

一天，他在朋友家和一位年輕的小姐下棋。突然間，傑克遜臉色蒼白，不停的喘氣，使勁地想要把手舉起來，可是身體卻僵硬得不聽使喚。

他的朋友見狀，趕緊來到他身邊。傑克遜喃喃地說：「唉，該來的還是會來的。我中風了，整個右側身體都不能動了。」

「你是怎麼知道的呢？」朋友問。

傑克遜答道：「剛才我在右腿上捏了幾次，可是卻一點感覺也沒有。」

「那是因爲……」正在和傑克遜下棋的那位小姐紅著臉說：「先生，您剛才捏的是我的腿啊！」

態度，決定人生的高度

好萊塢電影〈毒鑰〉在海報上打出一句廣告詞說：「只要深信不疑，所有的恐懼都會成真。」

生命中總有大大小小的恐懼盤據在心上，其實許多是胡亂猜測而信以爲眞，這些都是心理作用，是「疑心生暗鬼」。很多時候，我們會因爲情緒變動，心裡會無端生出許多負面思想，即使知道那不一定是事實，內心仍然會受到影響，表現因而失控，讓生活變質。

當一個人滿腦子裝的都是一些負面思考，成天憂心忡忡，擔心這個擔心那個，能夠不生病嗎？可笑的是，若有一天眞的生病了，想的絕不會是：「唉，我眞不應該擔心這麼多！」而會是：「看吧，被我料中了吧！」

許多專家懷疑，那些住在高壓電塔附近的居民特別容易生病，或許不是因爲高壓電本身的關係，而是因爲他們總是擔心自己會受到高壓電影響的關係。

原來，最傷我們身體的，其實是我們的心。

有了疑心，應該提出來問清楚、說明白，否則，把它放在心裡面，不但個人智慧不能增長，人際關係也會出現阻礙嫌隙，未來更無法出人頭地。

既然該來的總是會來，想擋也擋不住，那麼就別再自己嚇自己了。應該好好把握當下，在它還沒發生之前，盡情地享受每一段歡樂時光。

生命的支配權在自己手中

生命的長短不應任由命運來決定，支配權掌握在自己的手中，假使冀望美好的未來，就應該驅散心中的烏雲，把握當下。

安妮是個盲人，但卻努力活得和一個正常人一樣。每到黃昏，她習慣獨自一人拿著手杖外出散步，雖然看不見夕陽，但可以感受到它的溫暖。

安妮對這條散步的路線非常熟悉，這麼多年以來，從來沒有迷路過。只是一天，路旁的一些松樹被砍倒了，安妮一向用路邊的東西判斷位置，如今她的手杖觸不到那些熟悉的松樹，令她一時之間慌了手腳。

驚慌之餘，安妮努力讓自己鎮定下來，屏氣凝神地靜聽一會兒，卻聽不到

附近有其他人的聲音。她只好勉強摸索著向前走，走著走著，居然聽見自己的腳下有流水聲。

「水？怎麼會有水？」安妮驚慌失措地大叫：「糟了，我一定是迷路了，現在的我八成是站在一座橋上，而且腳下還有一條河。這個地方我從來沒有來過，我要怎麼樣才能回去呢？」

此時，突然有名男子走了過來，友善地對她說：「妳好，請問我能幫助妳嗎？」安妮於是在這名男子的幫助下，平安地回到家裡。

回家之後，安妮邀請那名男子進屋子裡喝茶，並向他表示深深的謝意。沒想到男子卻回答說：「別謝我，是我應該謝謝妳才對！」

「喔？爲什麼要謝我？」安妮十分驚訝。

那男子於是說：「老實告訴妳吧，在我遇到妳之前，其實我已經在那條橋上站了很久很久，當時我一心想要跳到河裡把自己淹死，但是不知道爲什麼，我現在已經不想那麼做了。」

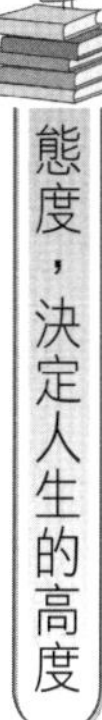

「活著做什麼？」這是許多現代人共同的疑問。

生活中，人難免遇到挫折與困難，容易產生輕生的念頭。爲自己而活或許很難，但若換個角度，嘗試爲他人而活，說不定就不會感到這麼困難了。

當覺得自己很脆弱的時候，想想身邊是否還有許多更脆弱的人，孤獨感自會漸漸消散。當覺得自己很無助的時候，想想這個世界還有許多人更無助，自然就會找到力量。

不妨逆向思考，人爲什麼不活著？或許現在遭遇到挫折與失敗，心中的石頭壓得生活喘不過氣，但生命的長短不應任由命運來決定，支配權永遠掌握在自己的手中，假使冀望美好的未來，就應該驅散心中的烏雲，把握當下。

活著不爲成功，不爲富貴，活著只是爲了完成未完成的夢想。或許，抱著這樣的信念活著，會活得比現在更成功、更富有、更幸福，也更快樂。

鼓勵可以激發能力

鼓勵遠比責備更加有用。責罵一個人，頂多只是讓對方知道他做錯了什麼，但鼓勵一個人，卻可以讓對方知道他還能做什麼。

莎麗是個日本女孩，十歲的時候，舉家移民到美國。

她原本以爲到了美國之後，能夠過著好萊塢電影裡的那種悠閒生活，沒想到她面臨的卻是文化差異之下帶給她的種種難題。

莎麗過得很不快樂，尤其是在上體育課的時候，所有同學排球都打得很棒，好像已經打了一輩子的排球一樣，只有她對排球一竅不通，而且可以說是越來越深惡痛絕。

一天下午，體育老師示意莎麗把球傳給隊員，好讓對方練習扣球。這麼一個簡單的小動作卻令莎麗感到非常恐懼，擔心自己連這麼基本的動作都做不好，將會受到眾人的嘲笑。

此時，一個男同學大概看出她的心思，走到莎麗的身邊，小聲地對她說：「放心吧，妳行的！」

那短短三個字給了莎麗很大的勇氣，不知道從哪兒來的信心，一整節課都在傳球，而且傳得越來越好。

現在的莎麗已經完成學業，回到了日本，從事行銷工作。她說，現在只要當她遇到困難時，就會想起「妳行的」這三個字，激勵自己勇往直前。

那名男同學一定不知道這麼簡單的一句話，就改變了一個女孩的一生。

缺乏信心，將使心中產生恐懼，讓自己承受無盡的壓力與猶疑。每個人天

生都渴望得到他人的讚賞，同樣的，也都懼怕責難。

但在現實社會裡，往往責備多於鼓勵，令人不僅能力無法發揮，甚至信心也都枯萎。假使你也嚐過膽怯無助的滋味，那麼應該知道，人在感到恐懼無助的時刻，多麼需要他人的鼓勵。

有位EQ大師說：「如果想毀掉一個人，那就儘管責備他；如果想拯救一個人，那就試著去鼓勵他。」

可見鼓勵遠比責備更加有用。責罵一個人，頂多只是讓對方知道他做錯了什麼，但鼓勵一個人，卻可以讓對方知道他還能做什麼。

天底下再也沒有比鼓勵更便宜卻珍貴的禮物。培養鼓勵別人的美德，不但可以帶給別人信心，而且還可以看見別人的優點，讓人際關係更加美好。

志向高遠，成功就會高遠

成功的人永遠不會滿足於現狀，因為他們知道，如果不能保持領先，很快就會被後浪淹沒。

史蒂芬教授向來以愛提問的上課風格聞名校園。

一次在課堂上，教授問道：「世界第一高峰是哪座山？」

這麼簡單的問題當然難不倒台下的大學生，大家漫不禁心地回答：「聖母峰。」

教授緊接著問：「世界第二高峰呢？」

這下子，學生們不禁皺起眉頭，面面相覷，努力思索仍想不出答案。

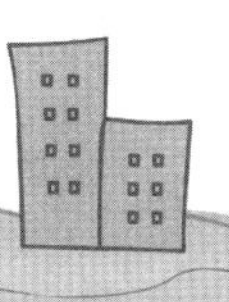

有人辯稱道：「課本上沒寫，我們怎麼會知道！」

教授氣定神閒地繼續問道：「那知道史上第一個進入太空的人是誰嗎？」這一次，沒有人敢回答了。雖然大家都知道正確答案是加加林，可是大家都擔心教授會接著問第二個人是誰。

此時，教授轉過了身，在黑板上重重地寫下了一行字：「屈居第二與沒沒無聞毫無差別！」

教授接著說，在他的教育生涯中，他注意到，有的學生偏愛坐前面的位置，有的學生隨便坐什麼位置都可以，還有一些學生似乎特別喜歡坐在教室的後面。他曾特別記下這些學生的名字，結果十年之後，可以很輕易地發現：愛坐前排的學生當中，事業成功的機率比其他兩類學生都高出許多。

一個沒有志氣的人，就像沒有根的浮萍，失去了根本，迷失了方向，只能

隨波逐流。這樣的人不論身處何處，都只能居於末流，永遠站在他人身後。

具有遠大志氣的人，擁有足夠信心，堅強的意志和毅力，面對事情，全身充滿鬥志，不怕跌倒，不怕失敗，因此做什麼事情都容易出頭。

站在高處的成功者都有甘於吃苦耐勞、不怕困難和勇於面對挫折的強烈信念支撐著，這種強烈的信念正是他們心中動力的源泉所在。胸無大志的人忙碌一生終難成大事，只有壯志在胸的人才會造就輝煌的業績和圓滿的成果。

成功的人永遠不會滿足於現狀，因爲他們知道，如果不能保持領先，很快就會被後浪淹沒。成功的人永遠不會只想做老二，因爲，如果目標只在第二名，前方很快就會出現許多個第一名，到最後，自己連前十名都排不進！

人生之旅就像是攀登一座高聳入雲的山，山勢陡峭險峻，只有志在必得者，才能成爲頂峰上的第一人。

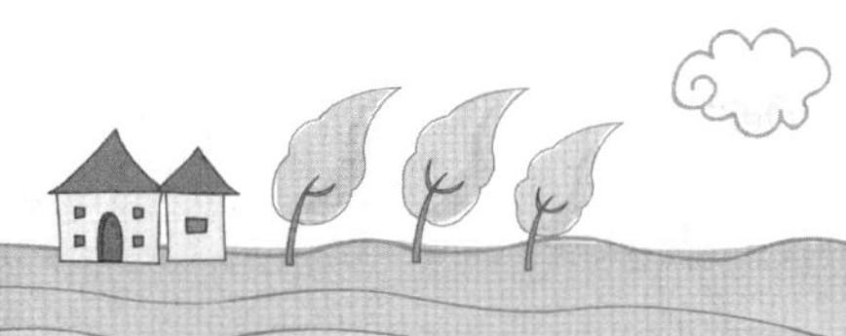

真正行動，才能靠近成功

思考與實踐同等重要。一塊石頭加上一點想法，就有可能會變成城堡。別說你想做什麼，先想一想你已經做了些什麼。

一個年輕人問蘇格拉底：「您能夠成爲這麼知名的思想家，請問您認爲成功的關鍵是什麼呢？」

蘇格拉底回答：「多思多想。」

年輕人把這句話記在腦子裡，回家以後，整天躺在床上，望著天花板，一動也不動，只任由腦袋胡思亂想。

一個月之後，年輕人的妹妹來到蘇格拉底的家裡，向他求救說：「請您去

看看我哥哥吧，他自從來拜訪過你以後，就像中了邪一樣，什麼事不做，整天把自己一個人關在房間裡。」

蘇格拉底於是來到年輕人的家中，看見年輕人面黃肌瘦，一點年輕人該有的朝氣也沒有。

年輕人一看到蘇格拉底，頓時眼睛一亮，急切地問蘇格拉底說：「我現在每天除了吃飯睡覺以外，把剩餘的時間全都用來思考，您認爲我一直這樣下去的話，要多久才能成爲偉大的思想家呢？」

蘇格拉底反問他：「你每天把自己關在房間裡，都在想些什麼東西呢？」

「我什麼東西都想，想到腦袋都快要裝不下了！」

「是嗎？」蘇格拉底不以爲然地說：「我看你的腦袋除了長頭髮之外，還多了不少垃圾呢！」

「什麼？垃圾？」年輕人滿臉疑惑。

蘇格拉底於是說：「光想不做的人，就算想得再多，也只是在腦袋裡囤積垃圾而已。成功是一把梯子，雙手插在口袋裡的人，是永遠爬不上去的。」

「坐而言，不如起而行」、「一個實踐，勝過一百個理論」……許多格言都告訴我們，思考固然可以幫助你創造一套最好的成功模式，但是唯有動手實踐，才能把你腦袋裡的東西擺到眼前。

一位管理大師說過：「光想不做，不成功；光做不想，做不大。」成功是要起身動手實踐的。假使只是在腦中計劃，光說不練，那不是跟守株待兔一樣愚蠢嗎？

思考與實踐同等重要。一塊石頭加上一點想法，就有可能會變成城堡。同樣的，想出來的東西或許是垃圾，但是只要努力去實踐，就有機會變成黃金。

別說你想要做什麼，請先想一想你已經做了些什麼。

從單純的生活找快樂

人需要的其實不多，我們應該要在真正重要的東西上面下功夫，而不只是盲目的為那些不重要的東西成天傷腦筋。

一天，傑克在街頭遇見一個乞丐。這名乞丐穿著厚厚的夾克和牛仔褲，跪坐在足足有雙人床那麼大的薄毯子上，那是他的地盤，也是他的家。

他的家當全都擺在旁邊，一瓶一瓶的，有番茄醬、芥茉醬、奶黃醬，還有各式各樣各種顏色的調味料。

看起來，這個乞丐還過得眞優渥啊！像個藝術家一樣。

傑克和他打了聲招呼，乞丐回應一個微笑。傑克好奇地問他：「你都已經

有這麼多東西了，爲什麼還要在路邊乞討？有什麼東西是沒有的嗎？」

乞丐咧嘴一笑，指著他那些瓶瓶罐罐說：「傻瓜，雖然我有這麼多東西，可是我還是要得到每天的麵包才行啊！」

是啊，儘管這個乞丐已經擁有了那麼多東西，可是沒有每天的麵包，這些東西又有什麼用？

然而，反過來說，既然對乞丐而言，最重要的東西是每天的麵包，那麼他又爲什麼要費盡心思收集那麼多不重要的調味料呢？

態度，決定人生的高度

很多時候，我們也像這名乞丐一樣，努力替自己的生活加味，卻因此而忽視生活的本質。

有位教授說得很好：「現代的文明已經走到了盡頭，迷幻的街景也終究成空，心靈在睡夢中覺醒，精神正尋求自己的出路，因此，要讓你的生活之舟只

承載所需要的東西。比如，一個儉樸的家和一種單純的喜悅、剛好足夠的食物和衣服、幾個值得交的朋友，或是一些你愛的以及愛你的人。」

人的需要其實不多，我們之所以疲於奔命，我們之所以汲汲營營，其實都只是爲了要讓生活多增加一些調味料而已。只是，加了調味料的滿足感終究還是比不上原味的快樂。

我們應該要在眞正重要的東西上面下功夫，而不只是盲目的爲那些不重要的東西成天傷腦筋。讓生命回歸到最基本的狀態，只要換個角度想想，我們就能找到更多快樂。

PART 3

要出頭，小事也要用智謀

把握每一次出擊的機會，從生活中的小細節開始落實腦中的想法，才有機會出頭、引起注意。

只知投機，不一定就能獲利

眼前的目標固然重要，但許多功夫就像熬煮高湯，需要細火慢燉，才能使這鍋湯香醇美味，急功近利會導致功敗垂成。

傳說大西洋有座海島，佳木秀樹，流水潺潺，景色美不勝收。因爲人煙罕至，不僅珍禽異獸聚集，且礦產豐饒。尤其島上所產的珍珠，色澤滑潤，粒粒晶瑩，許多富商爭相競購。

然而，這座海島周圍暗礁四伏，鮮少有人能夠接近。平常能往來這座海島的，只有棲息在相鄰海岸的海鳥。

有許多投機之士會特地守在岸邊，捕殺從海島飛回岸邊的海鳥，因爲這些

海鳥飛到島上覓食時，往往會把珍珠吃進肚子裡。久而久之，海鳥漸漸絕跡，碩果僅存的海鳥早已學到乖，只要一聞到人類的味道，瞧見疑似人類的身影，就會飛得遠遠的，不讓人類有可乘之機。

一個聰明的商人聽聞這個情況後，連夜思索對策。某晚他靈機一動，想到一個好點子，趕早起身進行他的致富大計。

他在海岸附近買下了一大片樹林，並在樹林周圍裝上柵欄，不讓任何閒雜人等走進樹林。同時，他也嚴正警告看守樹林的人，不准捕捉或驅趕海鳥，也不准出聲驚嚇他們。

經過一段時日後，海鳥發現海岸周圍的地方經常都會傳出槍聲，只有商人這處樹林是最安靜且最安全的，於是漸漸習慣在他的樹林裡棲息，商人也開始在樹林裡施撒各式各樣美味的果實，作為海鳥的食物。

海鳥看見白吃的午餐，當然毫不客氣地飽餐一頓。大飽口福後，很自然地把肚子裡的珍珠全都拉了出來。

商人就這樣不動干戈地得到他想得到的東西。

有句話說：「將欲取之，必先予之。」強取豪奪所得有限，唯有放低姿態，為對方著想，以迂為進，對方才會乖乖繳械。

好比金錢交易，買者如果不喪失金錢，就不能取得貨物；賣者如果不喪失貨物，也不能取得金錢。同樣的，以休養生息來看，睡眠與休息都會喪失不少時間，卻換得來日工作的精力，有喪失才能不喪失。

眼前的目標固然重要，但許多功夫就像熬煮高湯，需要細火慢燉，才能使這鍋湯香醇美味。開創事業也是相同道理，急功近利會導致功敗垂成，只有經過不斷付出與經驗積累，努力的每滴心血才會凝聚成光彩奪目的寶石。

用創意化解生活中的危機

只要能換個念頭，享受生活，就會發現無盡的創意盤旋腦中，進而運用這些創意解決生活中的大小問題，化解各種危機。

三個著名的演員應邀到一個劇場同台演出。

他們個別向劇場經理提出了一個相同的要求，就是要在宣傳海報上，把自己的名字排在最前面，否則，他們將用拒絕演出來抗議。

這三名演員破天荒同台獻藝的消息早已在報刊雜誌上登得沸沸揚揚，絕不能有開天窗的情況發生。更何況，這三名演員都是紅極一時的明星，不管得罪哪一個，都會對劇場未來的發展有影響。這真是個棘手的問題啊！不過，劇場

經理終究還是想出法子來了！

正式演出那天，三名演員到劇場一看，這次的宣傳海報不是傳統的一張大紙，而是一個不斷轉動的大燈籠。三個演員的名字都寫在燈籠上，名字順著燈籠轉，無分先後，誰都可以說自己的名字是排在最前面。

他們三個於是高高興興地做了一場完美的表演。

這個劇團經理是不是很有創意呢？面對困境，急中生智，運用一個小創意，就能輕易化解可能無法收拾的危機。

創意，是個難以捉摸的精靈，無法預測它會何時出現，會帶給我們怎樣的啓示？當我們想要補促它時，卻往往找不到它的身影，只好嘆吁不止。

美國當代知名編舞家崔拉．夏普（Twyla Tharp）說：「我的工作十分需要創意，思索創意讓我感覺到自己的存在，生活也豐富多采，但卻也讓我痛苦不

堪。在三十多年的編舞生涯中，我終於明白，只有把創意視為生活的一部分，當作一種習慣時，才能真正的擁有創意。」

其實，創意就埋伏在日常生活的每個角落。只是缺乏用心品味生活之人，無從發現創意的蹤跡。

大凡文人墨客，都有顆敏銳的心靈。一陣清晨的小雨，一朵玫瑰的綻放，皆會引起無限感懷。他們用心體會周遭的細小事物，靈感創意便源源不絕。

倘若總是在抱怨缺乏創意，感嘆生活煩悶無新意，或許是因爲我們總是盲目地「過日子」，而不是用心地「享受生活」。

創意不會憑空而來，因爲它一直都在身邊，等待有心人認眞體悟。只要能換個念頭，享受生活，就會發現無盡的創意盤旋腦中，進而運用這些創意解決生活中的大小問題，化解各種危機。

想法隨時積累，才能把握機會

在日常生活中，一點一滴地累積想法，到了需要發揮的時刻，這些想法自然水到渠成，幫助我們突破困境，開創出新局面。

一家銀行要求廣告公司做出一個別出心裁、有別於以往的旅行支票廣告。

銀行撥出相當大的預算給這支廣告，期待能夠爲近年來慘澹的業績帶來希望。面對這麼大的案子，廣告公司的主管感到壓力龐大。

主管特地召集所有同事說：「這次旅行支票的廣告，務必要請你們使出渾身解數，拿出不同凡響的東西來。我打個比方好了，這個廣告一推出，就要像瑪丹娜上街一樣惹人注目。」

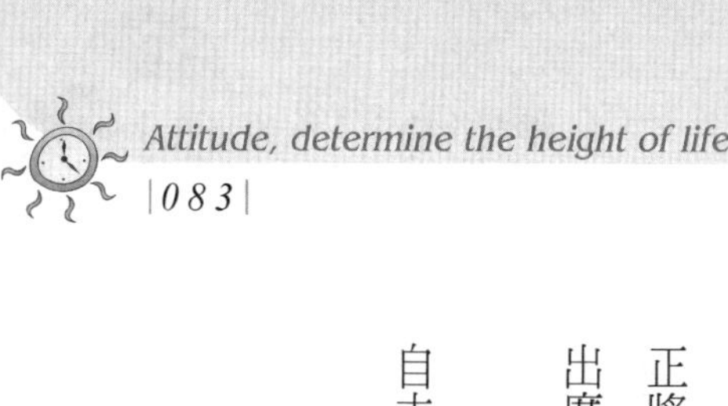

廣告部的同事聽了以後，個個深感壓力，大夥兒每天下班之後都聚在一起集思廣益，但總是想不出令人滿意的點子。

一天中午，幾位同事在外出用餐的途中，突然看到前方一片騷動，他們不禁也跟著過去湊熱鬧，看看究竟發生什麼事。

原來是警察逮捕到一個扒手，吸引了不少路人圍觀。

「看啊，這不就跟瑪丹娜上街一樣惹人注目嗎？」一位同事忍不住大叫。

當天晚上，他們就做好了這個廣告的企劃：一張海報上，圖案是一個扒手正將手伸入遊客的口袋。文字是：「你將親眼目睹一宗罪行。」接著，底下點出廣告的主旨：「使用我們的旅行支票可以預防這種罪行。」

這個廣告推出之後，立刻得到許多迴響。每個人在出外旅行之前，都不由自主的想到了這個廣告，這家銀行的旅行支票也因此被廣泛使用。

在科技發達、瞬息萬變的時代，除非人們隨時在改善、創新自我，否則「優勝劣汰」的社會規律對我們毫不留情。

因此，小到日常生活、個人發展，大到企業生存、民族危亡，都需要源源不絕的創意。我們必須了解到，當今社會，人人都離不開創意，沒有創意的生活，將牽引著我們步向危機。

創意不是需要的時候才去尋找，否則想破頭也可能擠不出個點子，平時就應該要保持思考的好習慣。

在日常生活中，一點一滴地累積想法，到了需要發揮的時刻，這些點滴想法自然水到渠成，幫助我們突破困境，開創出新局面。

要出頭，小事也要用智謀

把握每一次出擊的機會，從生活中的小細節開始落實腦中的想法，才有機會出頭、引起注意。

越戰期間，好萊塢曾經舉辦一場募捐晚會，然而，由於當時的反戰情緒激昂，這場募捐晚會以一美元的所得收場。

既然所有人都不願意捐款，那麼，這募得的一美元究竟是怎麼來的呢？

據說，這唯一的一美元是由一名叫做卡塞爾的小夥子募得的，在晚會現場，卡塞爾讓大家選出一位漂亮的姑娘，然後由他來拍賣這位姑娘的吻。最後，他終於募到難得的一美元。

這區區的一美元當然對戰事起不了明顯作用，但是，當好萊塢把這一美元寄往越南前線時，美國各家報紙都對這項消息進行報導，卡塞爾一舉成名。

有人把這件事當作對戰爭的嘲諷，也有人把它當成一個笑話看。但是德國的獵人頭公司卻看上卡塞爾的靈活頭腦，建議一家日漸衰落的啤酒廠聘請卡塞爾做顧問。果眞，卡塞爾到任啤酒廠之後，開發出前所未有的美容啤酒和沐浴用啤酒，令啤酒廠一下子從沒沒無聞變成全球最大。

卡塞爾最爲人稱道的一項行爲是在一九九〇年，以德國政府顧問的身分主持拆除柏林圍牆的典禮。這一次，他腦筋一轉，讓柏林圍牆的每一塊磚頭都變成了收藏品，建造柏林圍牆的磚頭一共有兩萬多塊，卡塞爾因此創下了城牆售價的世界紀錄，讓他享譽全球讚賞。

謀利活動是人們有意識、有目的地謀取某種利益的活動。亦即人們在一定

利益動機的驅使下，在某種利益認識的反映引導下，持久地追求利益的社會活動。謀求利益的活動是實現利益的手段，而創意就是謀利的重要想法。

相信每個人都了解「有好創意就有好生意」的道理，然而，很多人都有創意，卻很少有人懂得把握機會發揮創意。

目前在音樂界擔任創意總監的胥大維說：「每個人的智慧、體力都是有限的；可是，每個人的創意、構想卻是無限的。差別只在懂不懂得如何運用構想、啟發創意、尊重創意，進一步將創意發表、呈現與執行。因為無論是多麼精妙的點子，若沒有實踐，就等於不曾誕生在世上。」

若真有滿肚子的鬼點子，卻苦於沒有表現的機會，不妨換個想法，好好把握每一次出擊的機會，從生活中的小細節開始落實腦中的想法。

唯有先把小事情做得有聲有色、與眾不同，才有機會出頭、引起注意，進而能夠發揮心中無與倫比的大創意。

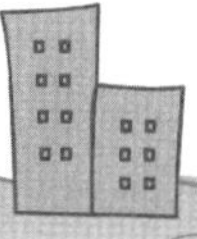

想出人頭地，必先腳踏實地

想要出人頭地，不需要多大的天賦，也不需要多少的運氣，需要的只是腳踏實地，訂立周詳的計劃，積極地向目標邁進。

納爾遜中學是美國歷史最悠久的中學之一，是第一批登上美洲大陸的七十三名教徒共同集資創辦的。

這所中學的大門口擺著兩尊用蘇格蘭黑色大理石雕成的雕塑，左邊是一隻蒼鷹，右邊則是一匹奔馬。三百多年來，這兩尊雕塑成爲納爾遜中學的精神象徵，每個有關學校的紀念品上，都不忘刻上或印上這兩尊雕像的圖樣。很多人想當然爾地以爲，蒼鷹代表「鵬程萬里」，駿馬則代表「馬到成功」。然而，

很少人知道，這兩尊雕像的緣起根本不是那麼一回事。

那隻鷹代表的不是「鵬程萬里」，牠其實是一隻被餓死的鷹。這隻鷹為了實現飛遍世界的遠大理想，苦心學習各種飛行的本領，結果卻忘了學習覓食的技巧，所以才剛踏上征途，不到一個星期就餓死了。

這匹馬其實也不是什麼千里馬，而是一匹被剝了皮的馬，原本生長在一位磨坊主人的家裡，後來，嫌主人給的工作太多，乞求上帝把牠換到一位農夫家裡。上帝答應牠的願望，可是沒多久，牠又嫌農夫給的飼料太少。最後，牠到了一位皮匠家裡，在那兒，什麼活兒也不用做，皮匠給的飼料又多又香，可是沒有幾天，牠的皮就被剝了下來。

當初創校的七十三名教徒之所以把這兩尊雕塑佇立在學校大門口，為的就是時時提醒學生們：「踏實、勤勞」。

很多人都懷著展翅高飛、成爲人上人的夢想，但很少人能眞正領悟到成功的秘訣。成功的秘訣是什麼呢？其實就是「踏實、勤勞」。

想要出人頭地，不需要多大的天賦，也不需要多少的運氣，需要的只是腳踏實地，訂立周詳的計劃，積極地向目標邁進。

勤奮是通往榮譽的必經之路，那些試圖繞過勤奮的人，必會被榮譽拒於門外。投機取巧永遠都不會到達成功之門，偷懶之人更是永遠沒有出頭之日。

或許在失意時，難免會放棄努力，一心冀望幸運之神的眷顧。可是請不要再自欺欺人了，任何人都知道，與其等待不見得會降臨的機遇，還不如起而行，動手塑造自己的未來。

倘若總是爲一時的失敗而感嘆，不妨捫心自問：是不是太好高騖遠？是不是太懶惰大意？

若是答案都是否定的，那麼相信你其實已經離成功不遠了。

換個念頭，忽略工作的苦頭

換個念頭，忽略工作帶來的苦頭，多往好的方向想，會發現生活其實沒有預期的糟糕，工作不是人生的全部。

美國著名的黑人女作家托妮．莫里森，於一九九三年獲得諾貝爾文學獎。莫里森年輕的時候，家境非常貧困，從十二歲開始，每天放學以後都要到一個富人家裡，去做幾個小時的幫傭。

富人待她十分苛薄，給的薪資又十分低微。一天，莫里森下班以後，忍不住回家向父親發了幾句牢騷。

父親聽完之後，只是輕描淡寫地對她說：「聽著，妳只是在那兒工作，並

不在那兒生活。妳生活在這裡，在家裡，和妳的親人在一起。所以，妳只管到那裡去工作就行了，然後拿著錢回家來。」

這番話從此改變了莫里森的人生觀，從這段話中，她明白了幾項道理：

一、不管什麼樣的工作都要做好，工作不是為了老闆，而是為了自己。

二、掌握你自己的工作，而不讓工作掌握你。

三、你真正的生活是與你的家人在一起。

四、你和你所做的工作是兩回事，不管你做什麼樣的工作，都不會改變你是個什麼樣的人。

長大以後的莫里森，做過各式各樣的工作。有的雇主很聰明，有的雇主很愚蠢；有的老闆心胸寬廣，有的老闆斤斤計較。

但是，她再也不會爲這些事情煩惱了。

要克服生活的焦慮和沮喪，得先學會做自己的主人。老闆不過是管理你工作的人，他擁有的權力也只限於工作內容，只有你才可以主宰自己的生活與情緒。工作只不過是爲了餬口的一種手段，身爲擁有自由意識的人，無論從事的是何種工作，都可以選擇自己想要的生活。

對於自己的工作，愛與厭、苦與樂，存乎一念之間。有人成天鬱鬱寡歡，抱怨自己的工作不好；有人天天心情舒暢，把工作當享受。

將生活中的每一處黑點放大，只會讓日子變得烏雲密佈。不如換個念頭，忽略工作帶來的苦頭，多往好的方向想，會發現生活其實沒有預期的糟糕。

無論是好日子、壞日子，總要過日子。不管好工作、壞工作，其實都只是工作而已。記住，工作只是生活的一部分，並不是人生的全部，也千萬不要讓它變成你的全部。

勇於面對挫折，才能發光發熱

不管上天給予我們多少考驗，只要懷著感恩的心，便會發現，所有的考驗都有個終點，而且希望的光點，永無止盡。

一次期末考，小明考得不如預期。

雖然成績仍是不錯，在班上排名第六，但心高氣傲、對自己要求極高的小明怎麼可能為此感到滿足？

他不停地在心裡生著自己的悶氣，不斷想著：要是作答的時候再細心一點就好了，要是平時再多努力唸書就好了……

父親注意到小明愁眉苦臉的樣子，問起在學校裡的生活，小明聳聳肩膀，

十分不悅地告訴父親：「學校的生活真的很無聊。」

小明的父親是個鐵匠。聽了兒子如此喪氣的話之後，沒有多說什麼，只是隨手拿起一把大鐵鉗，從火爐中夾起一塊燒得通紅的鐵塊，然後把鐵塊丟進身邊的冷水中。

「滋」的一聲，冷水瞬間沸騰，一縷白煙往空中飄散。

父親指著鐵塊，對小明說：「你看，水雖然是冷的，然而鐵卻是熱的。當你把熱熱的鐵塊丟進水裡後，水和鐵就開始互相影響著對方。水想要使鐵冷卻，鐵也想使水沸騰。我們的生活，不就是這樣嗎？生活好比是這鍋冷冷的水，而自己就是那塊燙熱的鐵塊，如果不想讓自己輕易地被水冷卻，那麼，就得努力讓水沸騰！」

小明聽了，心裡有很多的感觸。他開始反省自己，而且更用心地面對生活，一心想要讓自己和鐵塊一樣，在生活中發光發熱，讓身邊的人都可以感染到他的認眞與熱情。

態度，決定人生的高度

態度，決定你的人生高度，如果你一直消極、悲觀、畏縮，只會用負面的角度看世界，那麼就註定一輩子活得卑微。或許我們無法決定生命長短，卻可以決定生命是否精采豐富。

我們的生活不可能凡事順遂，所以應該為自己的情緒找一個平衡點。

生活中的挫折、麻煩、不如意，常常會澆熄對生活的熱情，然而，挫折其實也是人生的一部分，正因為有這些挫折的存在，我們才能體會出平順生活的可貴，不是嗎？

如果想要好好過日子，使生命中的每一天都不會白白度過，便必須培養「活著眞好」和「感謝人生」的態度。

生活中經常發生不如意的小事，但是，明智的人總能一笑置之，因為有些事情是無法避免、無法預測的。

能補救的過失要盡力去挽回，無法轉變的只能淡然處之，最重要的是做好橫亙在眼前的事。

許多人會說：「我討厭我的生活，討厭生活中的一切。」這些人必須改變不知感恩的態度。

如果我們不懂得享受已擁有的，那麼，我們很難獲得更多，即使得到心中想要的，也不會享受到眞正的樂趣。

不管遭遇到哪種不幸、必須面對何種困境，只要想到活著眞好，我們便能坦然去面對各種不如意。

不管上天給予我們多少考驗，只要懷著感恩的心，便會發現，所有的考驗都有個終點，而且希望的光點，永無止盡。

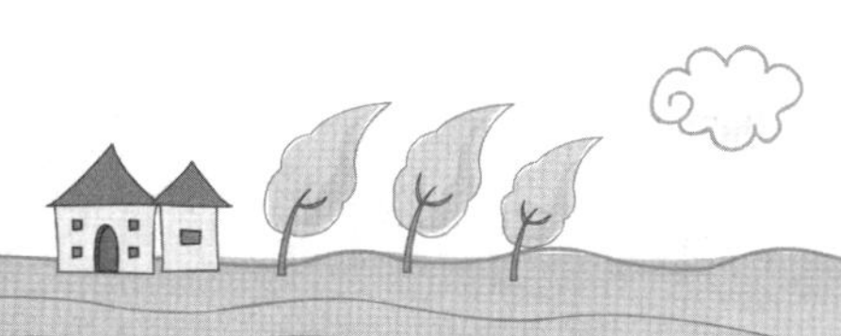

做事投機，不可能長久得意

利用智慧來犯罪，或用權勢地位來掩飾罪行，並不能保證萬無一失，因為強中自有強中手，這樣的人不可能得意太久。

一名律師買了一盒極爲稀有且昂貴的雪茄之後突發奇想，爲雪茄投保了火險。結果，他在一個月之內把這些頂級雪茄抽完了，保險費一毛都還沒繳，他就向保險公司提出理賠的要求。

在申訴中，律師說這盒雪茄是在「一連串的小火」中受損。保險公司當然不願意賠償，理由是這個人是以正常方式抽完雪茄的。

律師一狀告上法院，結果出乎眾人意料，他贏得這場官司。

因爲法官認爲，此項申訴雖然非常荒謬，但是該律師手上的確有保險公司同意承保的保單，證明保險公司願意賠償任何火險，且保單裡並沒有明確指出何類「火」不在承保範圍內，因此保險公司必須賠償。

保險公司自知吃了悶虧，只好同意賠償美金一萬五千元的雪茄「火險」。

當律師高高興興地將支票兌現後，接下來發生的事才更令人跌破眼鏡！

律師一踏出銀行，保險公司馬上報警將他逮捕，控訴的罪名是涉嫌犯下二十四起「縱火案」！

法庭上有律師之前的申訴和證詞，他不認罪也不行。這名律師以「蓄意燒毀已投保之財產」被定罪，要入獄服刑二十四個月，並罰款美金兩萬四千元。

再看一則小故事。

美國前總統尼克森競選連任時，由於他在第一任期內政績斐然，大多數政治評論家都預測他將以絕對優勢勝出。

然而，他卻派人潛入競選對手開會的水門飯店，在裡面安裝竊聽器，竊聽競爭對手的競選計劃，而且事發後，又阻止有關單位進行調查。

結果，在競選勝利後不久，由於他違法的行爲被發現，被迫辭去總統職務，連任的夢想自然成爲泡影。

僥倖得來的東西，特別容易遭遇到意外。

美國總統詹森曾經說過：「有操守無知識的人，軟弱無益；有知識卻無操守的人，危險可怕。」

運用專業知識或權利來爲非作歹的人，其實是最可惡的。

換個角度思考，利用智慧犯罪，或用權勢地位掩飾罪行，並不能保證萬無一失，因爲一山還有一山高，強中自有強中手，這樣的人不可能得意太久。

「舉頭三尺有神明」、「不是不報，只是時候未到」，人眞的不能做壞事，否則等到報應降臨，怎麼死的都不知道！

與其羨慕別人，不如謹守本分

與其羨慕他人，不如把目光從別人身上收回來，踏踏實實地盡自己的本分，別做無謂的比較，才能使每天的生活都充實愉快。

從前，在俄國的克里姆林宮有位非常盡責的清潔工，當別人問她對自己的工作有什麼看法時，她說：「我的工作其實和總統差不多。總統是在整理俄羅斯，我則是在整理克里姆林宮。每個人都是在做好自己應該做的事。」

老清潔工的比喻非常幽默，卻也發人深省。

很多人都想成就一番大事業，飛黃騰達，但是很少人能夠用做大事的心態去面對生活周遭的小事。

老清潔工清楚了解，她的身分地位或許不能和總統相提並論，但是她認眞工作的態度足以媲美總統。

抱著這樣的態度工作，還有什麼事情是做不好的呢？抱著這樣的態度工作，怎麼可能不樂在其中？

人生要盡本分，才能得本分。人生在世，必得感恩珍惜時間和空間，因爲生命的意義不在於長短，而是在於能否盡守本分，發揮良能。

如果你工作兢兢業業，卻不受上司重用，難免會覺得自己沒有獲得公平的待遇。在這種處境中，對人體健康也產生不利的影響，而且會扼殺聰明才智與創造才能。每個人在社會上都有著不同的位置。與其羨慕別人的位置，不如做好自己的本分，站穩自己的位置。畢竟，很多時候，我們不能改變自己身處的環境，只能改變自己的心境。

人性的弱點之一，就是「愛計較」，許多壞心情都是來自於相互比較。要了解，天底下的事很難公平，比較得多，難免心生怨恨。在心生怨恨的同時，人們也會忘了，天底下本就沒有十全十美的事。

每人都有足以自豪的長處，自然也有不願被探知的短處。然而，我們總是習慣將自己的短處和別人的長處相比較，殊不知，這種比較只會使人更加不平衡。一般而言，得到多少和自己付出的努力是成正比的。所以，不要急著羨慕別人的成就，要先思考他們付出了多少艱辛，克服了多少困難。

若只一味看到他人的成功與優渥生活，不明白其中辛酸，這種比較只會更讓人心生不滿，整天唉聲嘆氣。

與其羨慕他人，不如把目光從別人身上收回來，踏踏實實地盡自己的本分，別做無謂的比較，才能使每天的生活都充實愉快。

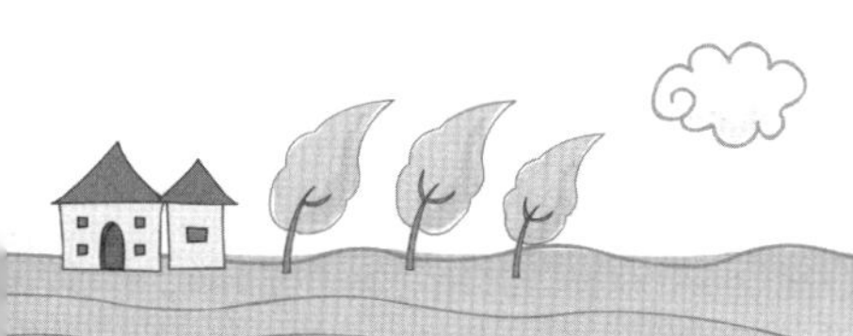

PART 4

缺點可以變爲成功的要件

人要先認識自己，才能超越自己。缺點不足以阻礙你的成功，不知道自己的缺點，才會是通往成功路上的最大絆腳石。

與其整天抱怨，不如試著改變

只有當我們願意去接受不完美的現況，才能夠豁達地提醒自己要比別人更加努力，而不是心態不平衡地放任自己自暴自棄。

英國詩人布萊克曾經寫道：「只要你願意停止抱怨，就不用擦拭悔恨的眼淚，一旦你繼續抱怨，就永遠也擦不完那些傷心的眼淚。」

確實如此，遇到不如意的事情，與其整天抱怨，不如試著改變自己。因爲，一味抱怨並無法改變既成的事實，唯有拋開心裡的負面情緒，試著改變，才有可能扭轉局面。

放下負面情緒，在失意中改變自己。抱怨只會讓自己心情越來越糟糕，越

來越討人厭，日子當然越來越痛苦，最後活在痛苦不堪的深淵。

有個年輕人因爲從小家境貧窮而缺乏受教育的機會。長大以後，他從鄉下來到城裡，想要找一份可以餬口的工作，但由於他連基本的學歷都沒有，所以連餐廳老闆都不願意請他當服務生。

年輕人對城市人的勢利眼感到非常灰心，決定要離開這座醜惡的城市。在他離開之前，無意中在報紙上看到了著名銀行家羅斯先生的新聞，於是他突發奇想，提筆寫了一封信給羅斯先生，信中描述了他從小到大所經歷的貧苦生活，抱怨命運對他如何不公，並希望羅斯先生能夠借他一點錢，讓他有機會到學校讀書，以便在取得學歷之後找份好工作謀生。

幾天以後，年輕人收到了羅斯先生的回信。

羅斯先生並沒有答應借他錢，倒是在信裡向他訴說了一個故事。

羅斯先生說：「海洋裡生活著很多魚，幾乎所有的魚都有魚鰾，藉此得以沉浮自如，只有鯊魚沒有。少了魚鰾的鯊魚，行動極爲不便，沒有辦法停在水

裡仍保持平衡，因爲只要一停下來，就會沉入水底，還很難浮出水面。爲了生存，鯊魚只能不停地游動，一刻也不能休息，也因爲這樣，擁有了強健的體魄，成爲深海中最勇猛的魚。這個城市就像海洋一樣，擁有文憑的人很多，但成功的人很少。你現在就是一條沒有魚鰾的魚……」

年輕人看了這封信，若有所悟。

隔天一大早，他把原本已經打包好的行李拆開，到街上的餐廳一家一家地找工作。他告訴餐廳老闆，只要可以供應他伙食，他可以一分工錢都不要，如果覺得他不夠格當服務生，那麼聘請他當洗碗工也可以。

年輕人就這樣在這個大城市中找到了屬於自己的一小塊立足之地，十多年以後，他創業成功，並且娶了銀行家羅斯先生的女兒。

他就是石油大王哈特。

面對失敗挫折，絕大多數人選擇抱怨和逃避，整天怪東怪西，怪別人怪社會，怪命運怪景氣，就是不肯靜下心來檢討自己。

帶著墨鏡看人生，人生當然一片黑暗。唯有放下怨懟的情緒，用積極樂觀的態度面對事實，人生才會豁然開朗。

當我們願意停止抱怨，面對「自己的起跑點比別人低」這個事實以後，它就只會是一個事實，而不會是一個藉口。

只有當我們願意去接受不完美的現況，才能夠豁達地提醒自己要比別人更加努力，而不是心態不平衡地放任自己自暴自棄。

正因爲我們的起跑點比別人低，所以更應該尋找出一套適合自己的生存法則。正因爲我們比別人矮了一截，所以應該要努力跳得比別人更高。

與其整天抱怨，不如要求自己改變，只要願意鼓起勇氣，改變自己的心態，最終一定能夠成就亮麗未來。

缺點可以變為成功的要件

人要先認識自己，才能超越自己。缺點不足以阻礙你的成功，不知道自己的缺點，才會是通往成功路上的最大絆腳石。

一名十歲男孩在一場車禍中失去了他的左手臂，雖然如此，男孩沒有放棄夢想，一直很想學習柔道。就算到了現在，他依然希望可以踏入柔道的殿堂，儘管他只剩下一隻手。

在一次機緣巧合，一位日本柔道大師願意收男孩爲徒。師傅教得很認眞，男孩也學得很用心。

只是，三個月過去了，師傅卻只教了他一套招式，男孩每天反覆練著這一

套招式，越練越覺得疑惑。

他忍不住問師傅：「我是不是應該學點其他的招式呢？」

誰知，師傅竟淡淡地回答：「不，雖然你只會一招，但是你只需要把這一招練好就夠了。」

男孩勉強壓抑住心裡的疑問與好奇，遵照師傅的教誨，每天勤奮的練著那一成不變的招式。

幾個月以後，師傅帶著男孩去參加國際柔道比賽。出乎男孩自己的預料，他只憑著唯一會的一招，就輕鬆地打敗了許多武藝高強、身體健全的對手，一路過關斬將，順利地晉升到決賽。

決賽對手的體型是男孩的兩倍，看起來也比其他競賽者沉穩得多。激戰幾回合之後，男孩似乎有點招架不住。裁判見他是個殘障人士，擔心男孩會因此受傷，便提議先暫停比賽。

只是，男孩的師傅卻不同意裁判的要求，堅決地表示：「繼續下去。」

過了不久，雙方的體力漸漸疲弱，對手的氣勢已經不再像剛開始時那樣剛

強勇猛了，男孩終於找到一個機會，使出他最擅長的那一招，成功制服了對手，贏得了冠軍。

捧著冠軍獎盃回家的路上，男孩始終百思不解，鼓起勇氣問師傅：「我看到其他來挑戰的對手，每個人都會很多招式，只有我會的最少，但是爲什麼我只憑著這一招就打敗了所有的對手呢？」

師傅回答：「這有兩個原因：第一個原因，是因爲你把這一招掌握得非常好。第二個原因，是因爲這一招最能發揮你自身的優勢。據我所知，唯一能夠破解這一招的方法，就是讓你的對手抓住你的左手臂。」

態度，決定人生的高度

所羅門王曾說過一句名言：「最敏捷的，未必贏得競賽；最強大的，未必贏得戰爭；時間與機會才是命運的主人。」

在機會與命運充斥的人生競賽裡，每個人都有機會取得勝利，決定成敗的因素在於是否能掌握獲勝的關鍵。

人要先認識自己，才能盡情表現自我，進而超越自己、創造自己。

如果你不是最敏捷的，那就試著去當最廣博的。如果你不是最強大的，那就試著去做最圓滑的。

唯有看清自己的短處、熟悉自己的弱點，才有機會掌握局勢，讓致命的缺點扭轉爲成功的契機。

態度，決定你的人生高度！缺點不足以阻礙你的成功，不知道自己的缺點，才會是通往成功路上的最大絆腳石。

忠於自我，才有屬於自己的成果

人一定要做最好的自己。沒有一種成功，比活出自己更成功；沒有一種快樂，比忠於自我更快樂。

一位劍橋大學的老教授，在門下學生畢業前夕，突然患了眼疾，聲稱自己雙眼失明，什麼也看不到。

他的學生紛紛前來探望，老教授於是問每個來拜訪他的學生：「你是誰？告訴我，你究竟是誰？你從什麼地方來？在這裡學會了什麼東西？你小時候曾經有哪些夢想？畢業之後準備要到什麼地方？準備做些什麼……」

同學們雖然覺得老教授表現得異常嘮叨，但仍然把自己的想法如實地告訴

教授。教授一邊聽一邊點頭，不時發表一些「你這樣的想法很好」、「你很了解自己了」、「你的目標很明確」……之類的評語。等到學生準備離開時，老教授又親切地握著學生的手，語重心長地說：「現在我知道你是誰了，不過，踏入社會以後，你千萬不要忘了自己是誰啊！」

同學們都覺得教授有些反常，在背後偷偷懷疑老教授是不是受不了失明的打擊，所以才表現失常。

然而，到了畢業典禮的那一天，老教授的眼睛卻又奇蹟似地復明了。他用炯炯有神的雙眼望著台下的學生們，說道：「過去這段日子，我能教給你們的全部都教給你們了。今天你們畢業，我只有最後一樣禮物可以送給你們，就是我們之前的談話錄音。往後的人生旅程中，當你們感到失意、迷茫、不知所措的時候，就聽聽這段你們曾經有過的理想與抱負吧，希望這可以幫助你們找回眞正的、最初的自己。」

一直到這個時候，同學們總算明白老教授的用心良苦。

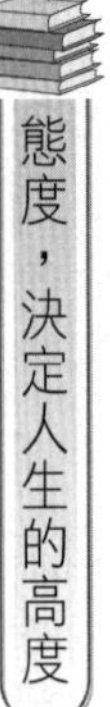

莎士比亞說：「外表往往與事實不符，世人卻容易被表面裝飾欺騙。」

人生的痛苦，通常來自於得不到自己想要的東西，或是得到了以後，卻又發現自己並不是眞心想要那樣東西。

我們追求錦衣玉食，追求華屋名車，追求榮華富貴，追求俊男美女，我們追求大多數人覺得是「好東西」的東西，到頭來，才失望的發現，事物的表象並不一定等同於事實本身，別人的肯定也不會爲自己帶來多少快樂。

人不一定要做最好的人，但是一定要做最好的自己。

只要忠於自己，就不會有太多遺憾。

不要追求漂亮的東西，而要追求你眞正喜歡的東西。不要追求人人稱羨的生活，而要努力爭取眞正能夠讓你感到快樂的生活。

沒有一種成功，比活出自己更成功；沒有一種快樂，比忠於自我更快樂。

懂得感恩，才能保有自尊

所有的榮耀都不是自己掙來的，而是別人給的。當你爬得越高的時候，越應該感謝那些曾經拉過你一把的人。

一九六一年四月十二日，二十五歲的加加林代表人類成功地完成探索太空的第一次飛行。

一時間，他從一個無名小子變成了炙手可熱的超級巨星。不，「巨星」這兩個字還不足以用來形容人們對他的崇拜，加加林驚喜地發現，人們簡直就是把他當作「神」看待！

無論他走到哪裡，都有人想要認識他；無論他梳什麼髮型，都會成爲時尚，

人們爭相模仿。

加加林再也無法像普通人般過著循規蹈矩的生活，他駕著國家送給他的轎車在街上飛奔蛇行，還爲了逗女孩子笑，在摩天大樓表演跳傘。仗著自己受全球人敬佩，他的言行愈加地張狂。

一天，加加林又不遵守交通規則。他闖紅燈，並且與另外一輛車相撞。兩輛車都受到嚴重損傷，幸好兩位駕駛人皆沒什麼大礙。趕來做筆錄的警察一眼就認出了加加林，在表達完對加加林的無限崇拜之後，警察向他保證會「追究肇事者的責任」。

另外一位駕駛人雖然無端被撞，但知道與自己相撞的是加加林以後，這位老人連一句責備的話語也沒有，只一個勁關心加加林有沒有受傷。

警方隨即向路上招來一輛汽車，把加加林送到他原本預備要去的地方，而那個倒楣無辜的老人將要承擔起車禍的所有責任。

加加林坐在車上，越想越不對勁。

他知道，警察之所以一味偏袒他，是因爲視他爲英雄；那名長者之所以甘願承擔一切過失，是因爲對他的喜愛。但是他現在的行爲，與他的英雄形象成爲最大的諷刺，根本沒有資格得到別人的喜愛。

那一刻，加加林純樸的本性復甦了。他請司機把車開回出事地點，然後在警察和老人的面前誠懇地道歉。

比起探索太空，加加林覺得勇於認錯、勇於承擔責任，才是更困難，也是更英雄的作爲。

態度，決定人生的高度

古羅馬思想家塞涅卡曾經寫道：「生命就像一齣戲，重要的不是它的長度，而是它的深度。」

一個人面對問題的態度，絕對是決定人生高度最重要的一步。

人的聲望越高，肩膀上的責任就越重。

世界上沒有人有義務要對我們好，即使是自己的父母也一樣。別人對我們

好，我們應該要知恩圖報，而不是得意忘形。

當一個人越受喜愛時，越應該要捫心自問：別人爲什麼會喜歡我？自己配不配得到別人的喜愛與尊敬？

所有的榮耀都不是自己掙來的，而是別人給的。當你爬得越高的時候，越應該感謝那些曾經拉過你一把的人。唯有抱持著一顆感恩的心，你才能穩坐在雲端上，否則，高處不勝寒，人們可以往你的臉上貼金，當然也可以把你的眞面目揭穿，將你踹回凡間。

唯有眞正的英雄，才能禁得起時間的考驗。

為失敗做準備，以免血本無歸

事前先做好準備，為自己留條後路，在危機來臨時，才不至於手忙腳亂，讓自己血本無歸。

一名十九歲的年輕人憑著一個名叫「心想事成」的網站，一舉登上美國著名的《財富》雜誌封面。

這名年輕人叫做詹森，他的網站在短短數個月之內達到了九百萬人次，收益破了上億美元，當時有人推測：「難道他將會成爲下一個比爾蓋茲？」

數家金融機構不約而同地提供他貸款，給予巨大的財力支持，讓他的公司很快就上市，資金由一億美元迅速擴充到二十六億美元。詹森開始過著富豪般

的生活，花錢如流水，交往的對象盡是世界級的超級名模，甚至有電影公司打算把他的創業傳奇拍成電影。

只是，沒想到美國股市瞬息萬變，沒多久的時間，詹森公司的股票從每股一百六十八美元狂跌到三美元，僅僅兩年的時間，詹森由一個平凡人變成了富豪，然後再度由富豪變回了一個平凡人。名模、媒體、電影公司、羨慕他的人、賞識他的人、幫助他的人，一下子全都不見了。

詹森打算向銀行貸款準備東山再起，這才發現借錢居然是一件這麼不容易的事，那些曾經主動提供資金給他的銀行，現在沒有一家願意借錢給他。唯一願意借錢給他的，只有他的親叔叔而已。

詹森用從叔叔那兒借來的錢註冊了一個網站，但已今非昔比。

他在一次媒體訪問中有感而發地說：「經過這段日子，我終於明白了一個道理。那就是金錢只認得金錢，它不會認得人。從前我之所以失敗，最大的原因就是我總認爲錢是會認得我的。」

如果每件事都有腳本，那人生就不會有那麼多失敗了。人的好運不會時時都降臨在同一個人身上，若受上帝眷顧獲得好時運，千萬記得要居安思危，未雨綢繆，因爲沒有人永遠一帆風順。洪水未到先築堤，豺狼未來先磨刀，事前先做好準備，爲自己留條後路，在危機來臨時，才不至於手忙腳亂，讓自己血本無歸。

成功的好處，就是你身邊會多了很多朋友。失敗的好處，則是你終於知道誰才是你眞正的朋友。

成功讓你證明了你的能力，但是唯有失敗，才能考驗你的智慧。

一個成功的人，未必一定要有一番偉大的事業。只要他在失敗來臨之前成功的預防失敗，便已經是眞正的成功。

自謙，就有進步空間

當一個人千方百計想要取得別人的讚賞時，人們只看得見他自誇驕傲的外表，哪裡還有心思去細細品味他的優點呢？

布思．塔金頓是美國著名的小說家和劇作家，他的作品《偉大的安伯森斯》以及《愛麗絲．亞當斯》都膾炙人口、家喻戶曉。

有一次，塔金頓受邀出席一場藝術家作品展覽會，席間，兩個小女孩來到他的面前，誠摯地向他索取簽名。雖然塔金頓正值當紅時期，但是仍然謙遜地請示他的小書迷說：「我沒有帶原子筆，用鉛筆可以嗎？」

塔金頓對自己表現出來的親和風範感到非常滿意，他知道他的讀者根本不

會介意他用的是鉛筆還是原子筆，但是多此一問將會令她們更加感受到他平易近人的魅力。果然不出所料，那兩名女孩爭先恐後地回答：「當然可以！」

從她們興奮熱情的眼神中，塔金頓益發肯定了自己的巨星風采。

接著，塔金頓用鉛筆，瀟灑地在其中一個女孩的筆記本上簽上他的大名，並寫上幾句鼓勵的話語。

沒想到那個女孩看見以後，眉頭皺了起來，疑惑地問道：「你簽的是什麼名字？難道你不是羅伯特．查波斯嗎？」

「當然不是啊！」塔金頓顯然沒想到有此一著，但仍然很有風度地替自己打圓場，驕傲地自我介紹說：「我是布思．塔金頓，是《愛麗絲．亞當斯》的作者，我曾經得過兩次獎。」

他滿心以爲女孩聽了以後會拜倒在他的頭銜之下，或許還會以熱情的尖叫來表示驚喜與不敢置信……

然而，那名小女孩卻只是將頭轉向她的同學，面無表情地說：「莎莉，可以把妳的橡皮擦借我用嗎？」

塔金頓經常在演講中自我調侃地提起這則糗事，他經常提醒別人，也時時提醒自己：你並不像自己以爲的那麼了不起！

有句話說：「驕傲使天使淪為魔鬼，謙遜使凡人宛如天使。」

很多人把驕傲和自信誤認爲同一件事，事實上，自信是肯定自己，驕傲卻是希望所有人都肯定自己。

當一個人千方百計想要取得別人的讚賞時，人們只看得見他自誇驕傲的外表，哪裡還有心思去細細品味他的優點呢？

勳章不要自己戴，功勞要讓別人誇。

我們是凡人，很難不爲自己的成就感到驕傲，但無論如何，我們都應該要在別人面前表現出宛如天使一般謙遜，才有無盡的進步空間。

將失敗化為成功的養分

那令人不快、痛苦、徹夜難眠的失敗，其實是灌溉人生的養分。只要那道挫折沒有將你打垮，那麼它將會使你更堅強。

一隻餓狼從山上來到山下，沿途到處找食物吃，無意間遇到了一群貓。雖然牠從來沒有見過這種動物，而且眼下又「貓」多勢衆，但由於這隻狼實在太餓了，便不管三七二十一，壯著膽子向其中一隻貓撲過去。

牠發現，貓根本不是牠的對手，三兩下的功夫，貓就已經臣服在牠嘴裡，成了牠的囊中之物。

有了這個新發現之後，狼專門找貓來填肚子，每天一隻貓，很快就把附近

的貓都吃光了。

於是，狼只好離開此地，到別處去覓食。

當牠走到中途，正餓得發慌的時候，忽然看見不遠處的草叢裡有一隻貓。雖然這隻貓的體型看起來比從前那些貓都大，但是狼深知貓是不中用的動物，會的盡是一些花拳繡腿，便雄赳赳氣昂昂地走上前去，想要把那隻大貓從草叢裡揪出來打牙祭。

沒想到，這隻貓不但身體強壯，力氣也不是普通的大。幾個回合下來，狼被這隻大貓打得血流滿地、奄奄一息。

牠一直到斷氣都還不知道，這隻長得像貓的動物其實不是貓，而是老虎。

態度，決定人生的高度

米爾頓說：「從未遭遇失敗的人，對自己或是別人，都是一知半解的。」

故事中的這隻餓狼說文雅一點是自取滅亡，說通俗一點就是找死。因爲在覓食的過程中沒有遭遇過挫折，以致於輕忽對手的實力，終至惹禍上身。

往往一個人做得越多，犯錯的次數就越多，挨罵的次數也就越多，這對於不善於調整心態的人而言，可能會導致挫敗感，會感到非常難堪。

可是，人就是在一次次的錯誤和教訓中成長成熟，最終到達成功的彼岸。在奮鬥的歷程當中，需要拿出勇氣，勇於接受挑戰、突破自我，這些奮鬥過程將會變爲日後値得驕傲的歷史。

那令人不快、痛苦、徹夜難眠的失敗，其實是灌溉人生的養分。只要那道挫折沒有將你打垮，那麼它將會使你更堅強。

如同《查泰萊夫人的情人》作者D．H．勞倫斯所說：「成功只會帶來榮譽，但是失敗卻會帶來真正的勇氣與力量。」失敗並不可怕，也不可恥。只要有機會再站起來，就會有機會再一次挑戰成功。

認清自己的價值，做合宜的舉止

思想謹慎，才會拿捏分寸，懂得進退。生活處處謹言慎行而不魯莽，方可免去失足之恨，等來真正出頭的那一天。

一隻老鼠在寺廟的柱子頂端安了個家，覺得寺廟裡的生活簡直就是人間天堂。牠可以在寬敞的空間裡游蕩，還有吃不完的供品任牠享用。人們這輩子都不一定有機會見到的佛教典籍，牠可以任意啃食；人們百般禮遇崇敬的佛像，牠可以放肆地在它們頭上撒尿。

每當居高臨下，看著那些愚蠢的人們對著佛像又是磕頭又是叩拜時，牠總得費好大的勁才可以忍著不笑出聲音來，心想：「這些人類眞是可笑，他們的

膝蓋竟然這麼軟，說跪就跪，簡直活得比我這隻老鼠還不如！」

一天，有隻野貓從窗戶溜了進來，一把將老鼠抓住。

老鼠習慣了安逸優渥的生活，根本沒有想過自己竟然會遭受到這樣的危難，一邊掙扎一邊大聲抗議道：「你，區區一隻野貓，竟然妄想吃掉我！你難道不知道，我的地位有多麼尊貴？我住在佛寺裡，地位比佛祖還要高，連人類都要向我跪拜了，更何況是你！」

野貓回答：「貓吃老鼠，天經地義。你還是認清事實吧，人們之所以向你跪拜，只是因為你的位置，而不是因為你！」說完，便把老鼠一口塞進嘴裡。

以為自己的價值崇高，眼中的世界就會變得狹窄。

將自己看得極端重要，就會看不清身邊的事物。

老鼠的生活過得太順遂了，忘了自己的渺小，得意忘形以致樂極生悲，招

來惡果。長輩們總是告誡我們，行事前要稱稱自己的斤兩，以免出糗，反成衆人笑柄，就是這個道理。

別人喜歡你、依附你，可能是因爲你所處的位置，或是你所擁有的權力；別人會因爲你是什麼身分、成就了多少事業、有多大能力來評價你，卻不會毫無理由地喜歡你，這就是社會現實的一面。

看清自己的價值，認清自己的身分，言行舉止要合乎本分。沒有任何作爲及建樹，卻妄想成爲衆人崇拜的對象，只是癡人說夢，貽笑大方。

行事謹慎，做事才不會失敗；說話謹慎，才不致造成誤會；思想謹慎，才會拿捏分寸，懂得進退。生活處處謹言愼行而不魯莽，方可免去失足之恨，等來眞正出頭的那一天。

懂得欣賞，才會受人欣賞

真心敞開心胸欣賞他人、感恩對方。當你覺得自己身邊圍繞的都是一些很棒的人時，你自然也會成為一個更棒的人。

一名作家帶著孩子外出散步，經過一個麵攤，看見裡頭坐滿了人，外面也排滿了人。他們駐足圍觀，看見賣麵的小販神乎其技地把油麵放進燙麵用的竹筐裡，一把塞一個，一眨眼的工夫就塞了十幾把，然後把疊成長長一串的竹筐放進鍋子裡煮。

接著，小販又以飛快的速度，將十多個碗一字排開，分別放進香料、鹽、味精等等。隨後，他把麵撈起、倒進碗裡，加湯，短短幾分鐘之內就做好了十

幾碗麵，而且還一邊煮一邊談笑自若的和客人聊天。

作家和孩子在一旁看得目不轉睛。離去時，孩子發表評論說：「爸爸，我想，如果你和賣麵的比賽賣麵，你一定輸！」

作家沒想到孩子會有這樣的想法，不禁「噗」的一聲笑了出來，隨即點點頭承認道：「是啊，爸爸不只會輸，而且會輸得很慘。我在這個世界上，是會輸給很多人的。」

他們走著走著，又經過一間豆漿店，作家看見店裡的夥計以熟練的姿態揉麵做油條，不禁有感而發地對孩子說：「這些炸油條的人眞了不起！爸爸比不上炸油條的人。」

沒多久，他們經過一間餃子店，看見老師傅像變魔術一樣，一秒鐘捏出一個渾圓剔透的餃子，作家再度對孩子說：「包餃子的人也很棒！爸爸也比不上包餃子的人。」

孩子似有所思地說道：「爸爸比不上的人好多喔！」

懂得欣賞別人，才有資格讓別人欣賞。

現在高等教育普及，人民生活水準提高，但社會階級的分化卻一日日地加重，這也反應在貧富差距擴大上。

雖說「職業不分貴賤」，但人們心中難免會有階級意識的存在。古往今來，世俗皆以「萬般皆下品，唯有讀書高」的觀念推崇知識分子，面對從事基層工作的勞動者，總是不自覺地瞧不起對方的價值，自以為是地驕傲自滿起來，那副嘴臉其實可笑至極。

若總是以爲自己最棒，又如何能夠領會得到別人爲你所做的事？

總是認爲自己的價值崇高，總是覺得自己付出最多，又怎能能夠感受得到別人對你的付出與回報？眞心敞開心胸欣賞他人、感恩對方。當你覺得自己身邊圍繞的都是一些很棒的人時，你自然也會成爲一個更棒的人。

PART 5

勇敢闖蕩，就有無窮希望

面對新的事物，要勇於去開拓，在不斷挑戰新的困難時，才能逐漸變得更加強大，變得不可替代。

用輕鬆的心境面對環境

若試著轉移焦點，欣賞沿途的風景，就會發現目標或許遙遠，但是邁向目標的過程可以風光明媚，引人細細玩賞。

年輕時，威廉·科貝特辭去報社的工作後，就一頭栽進創作的領域裡。只是，當他成為專職的寫作人後，卻發現一直無法寫出讓自己滿意的曠世巨作，這令他感到非常痛苦和絕望。

一天，威廉在路上遇到了一位老朋友，不禁吐露了自己的煩惱。他的朋友聽了以後，提議道：「不如我們走路到我家好嗎？」

威廉想都沒有想過這種事，這位朋友的家離市區有好幾公里的路，用走路

的，可能走到天黑也到不了！

朋友見他一臉爲難，便退而求其次地說：「那麼我們就到前面走走吧。」

他們走著走著，一路上經過了射擊場，也經過了動物園，一邊看人射擊一邊聊天，一邊走路一邊研究動物。就這樣走走停停，竟然不知不覺中就走到了朋友的家裡。

被夕陽籠罩的庭園，呈現一片澄色之美。一陣輕風徐徐吹來，舒爽宜人。

奇怪的是，走了這麼久的路，威廉居然一點也不感覺疲憊！

朋友說：「你要記得，不管與目標有多麼遙遠，都要學會輕鬆地走路。只有這樣，在通往目標的漫長過程之中，才不會感到煩悶，才不會覺得困難。」

威廉聽了這番話，一時茅塞頓開，不再把創作當作一件很困難很辛苦的差事，而是用最輕鬆的心情，把創作當成一種享受。

就是這種樂在工作的態度，讓他寫出了《莫德》、《交際》等一系列經典名作，成爲美國知名的作家。

走路是辛苦的，但逛街卻是輕鬆的。

工作是辛苦的，但創作卻是愉快的。

越是感到壓力的時候，就越應該用輕鬆的心情去面對。如果眼睛只看見目標的遙遠，而忽略豐富的過程，自然會感到困苦疲累。

若能換個念頭，試著轉移焦點，欣賞沿途的風景，就會發現目標或許遙遠，但是邁向目標的過程可以風光明媚，引人駐足，細細玩賞。

生活是苦還是樂，其實全在於自己的心境。工作是煎熬還是享受，也在於用什麼態度面對。

倘若是爲了餬口而工作，生活當然苦悶無趣，日子也快樂不起來。但假使留心周遭事物的變化，體會人與人之間的細微情感，欣賞物換星移的奧妙，日子就會有趣多了。

人生，由夢想組成

不管在追夢的路途上遇到多少挫折，都應該要覺得慶幸，慶幸自己還有夢，慶幸自己的人生還有希望。

英國倫敦，有位名叫斯爾曼的殘障青年，一條腿行動不便，平時連走路都很困難，但是他卻憑著堅強的毅力和信念，十九歲時登上了世界最高峰聖母峰，二十一歲時登上了阿爾卑斯山，二十二歲時登上了吉力馬札羅山，到了二十八歲的時候，已經登上了世界所有著名的高山。

然而，就在他二十八歲那年，突然在家裡自殺了。這麼一位有著過人的決心與毅力的青年，為什麼會選擇自殺呢？

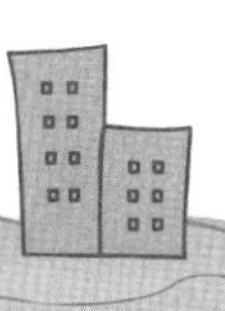

根據記者調查，發現斯爾曼的雙親早在他十一歲的時候就在攀登吉力馬札羅山的過程中不幸遇難身亡。他的父母曾經對斯爾曼說過，希望他將來可以和他們一樣，攀登上世界所有知名的高山。

痛失雙親的斯爾曼一直把父母的遺志作為他的人生目標，就在他好不容易實現了這個目標時，也驚駭地發現到，他的人生再也找不到其他目標了。他不知道下一個目標在哪裡，也不知道自己應該為什麼而活下去。他因為失去了人生目標，也因此失去了全部的人生。

態度，決定人生的高度

人生最幸福的片段，並不是夢想成真的那一刻，而是實現夢想的過程。人活著不能沒有夢想，一個沒有夢想的人活著也等於已經死了。只要心中存有希望，我們才會有活下去的精神支柱，然後再把希望化成具體的行動目標加以實現，生命才會活得精采。

每個人都有自己不同的目標，指引著人們前進的方向，決定出發的起點，釋放出熱情，使心中產生汩汩流淌的動力，進而燃燒無盡的潛力。

無論夢想有多麼遙遠，只要那個夢仍存在心中，我們就不會迷路。然而，若是有一天，心裡不再有夢的身影，抬頭望向天空，再也找不到一個目標，自然也會失去活下去的動力。

因此，不管尋夢的過程有多麼辛苦，都應該用珍惜的心情面對。不管在追夢的路途上遇到多少挫折，都應該要覺得慶幸，慶幸自己還有夢，慶幸自己的人生還有希望。

原來，上天讓我們得不到自己想要的東西，其實不是一種虧待，祂只是讓我們還有機會能夠繼續做夢，讓我們還有理由努力去追求。

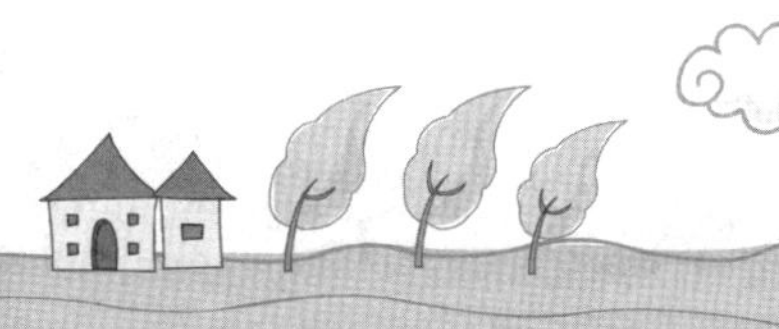

忘記過去，才能把握未來

「過去」並不會為生命帶來變化，汲取經驗之後，就應該大步往前走，發揮我們過去習得的智慧。

一名獵人帶著兒子去打獵，父子倆通力合作活捉了一隻小山羊。兒子非常高興，想要把這隻小山羊帶回家當寵物來養，父親答應了，便將獵物交給兒子，要他先帶回家去。

兒子牽著山羊走在路上，沒想到途中手一滑，不小心把韁繩掉在地上，山羊趁機逃脫。小獵人在後面追了好久，終究沒能把獵物抓回來。

他一方面懊惱自己的粗心大意，一方面又不曉得如何向父親交代，心裡又

羞又火，乾脆坐在一塊大石頭後面大哭了起來。

一直到傍晚，父親在石頭後面找到了他。兒子含著眼淚告訴父親自己弄丟山羊的經過，父親沒有指責，只是問他：「你就一直坐在大石頭後面嗎？」

「不，我找過了，我找了好久，就是沒有辦法把小山羊找回來啊！」兒子急忙向父親辯解。

父親搖了搖頭，嘆了口氣，指著旁邊泥地上一些凌亂的新鮮腳印，「你看，那是什麼？」

小獵人看了看，問道：「剛剛來過幾隻鹿嗎？」

父親回答：「是啊，你為了那隻小山羊一直躲在石頭後面，結果錯過了一整群的鹿啊！」

態度，決定人生的高度

做錯事已經是一種錯，如果繼續為這件事懊悔，將會是一種更大的錯。

戀眷過去就是延擱現在。也許我們曾經躊躇滿志，豪情萬丈，想大展鴻圖，但生活的道路總是崎嶇不平；也許我們甘於平凡，安於淡泊，嚮往寧靜致遠，然而生活的海洋總是不時揚起風浪，於是我們感到失落、恐懼與疲憊。

這些都源於無法忘記過去的失敗。總是對傷心的往事念念不忘，對過去的不如意耿耿於懷，才會使寶貴的今日充滿痛苦，讓憂傷佔據，並在渾然不覺中與希望失之交臂。

爲已經發生的事情感到傷心懊悔是難免的，但一味沉浸在懊悔的汪洋大海，不僅於事無補，還會使身心造成嚴重的傷害，恐有溺斃的可能。

不如換個角度思考，「過去」並不會爲生命帶來變化，頂多只能帶給我們經驗和教訓。汲取經驗之後，就應該大步往前走，在未來的日子裡，發揮我們過去習得的智慧。

不要跟自己過不去，要懂得原諒自己，善待自己的過失，不要讓已形成的過失成爲步向明天的絆腳石，應讓它成爲通往美好未來的墊腳石。

朝夢想努力，就能慢慢接近目的

每個愛做夢的人，都要學會切割自己的夢想。不要只會畫大餅，而要認真地去分析那塊大餅，然後一口一口吃進肚子裡。

四十多年前，有個十多歲的小夥子，出身在貧民窟裡。他的身體不好，讀書的機會也不多，但是當人們問他長大以後想要做什麼時，他卻勇敢地回答說：「我要做美國總統！」

只是，要怎麼才能達成這個偉大的願望呢？

小夥子想了半天，擬定出一整套計劃。他發現，要做美國總統必須先當上美國州長，要當上州長就必須經過競選，競選州長又必須有雄厚的財力在背後

支撐，如果想要獲得財團支持，就一定要先成爲財團中重要的一員，最好的方式，就是成爲財團老闆的女婿。

但是豪門千金通常不會嫁給一個像他這樣的平凡小子，所以，要娶豪門千金之前，就要先有名氣。要有名氣，最快的方式就是當明星。只是他長得不像英俊小生，唱歌也不像貓王這麼有特色，要怎麼樣才能變成明星呢？

小夥子發現，他的身材其實比一般人要來得魁梧，只要好好鍛鍊，這會是他的金字招牌。

一天，他看到著名的體操運動主席庫爾一身健美的肌肉，開始萌生了健身的興趣。他持之以恆地鍛鍊身體，練出了一身發達的肌肉，三年後，他藉由雕塑似的精壯身材，成爲專業的健美先生。

之後幾年，他囊括了歐洲、世界、全球、奧林匹克比賽的健美先生，也順利踏入了好萊塢的電影圈。

他利用十年的時間，在螢幕前塑造出堅強不屈、百折不撓的硬漢形象，成爲家喻戶曉的電影明星，並打破女友家人原本的門戶之見，順利地和相戀多年的女朋友，也就是甘迺迪總統的姪女結婚。

二〇〇三年，小夥子已經變成了一個年逾五十歲的中年人，他退出影壇，改投政壇，成功地當選美國加州州長。

這個來自貧民窟的窮小子，他的名字叫做阿諾．史瓦辛格。

態度，決定人生的高度

做夢人人都會，但是圓夢，必須掌握方法。

許多年輕人在求職的時候都遇到一個問題：自己喜歡的工作做不來，找到的都是不喜歡的工作。也有人隨便找個工作，做了好些年，才發現那根本不是自己想要的人生。

究竟爲什麼會這樣呢？

因爲找工作的時候，往往只看到現況，沒想到可能的未來。

有的人一心只想要當總經理，卻沒有想過要怎麼樣才可以成爲總經理；有

的人只考慮自己能做什麼，卻沒有仔細思索過自己到底想做什麼；有的人堅持夢想所以不工作，有的人爲了生計而放棄了自己的夢想。到頭來，他們最大的收穫，是道也道不盡的遺憾。

每個愛做夢的人，都要學會切割自己的夢想。不要只會畫大餅，而要認眞地分析那塊大餅，然後一口一口將它吃進肚子裡。

如果不能做總經理，那就先從小職員做起；如果不能進入自己喜歡的行業，那就先從相關行業入門，慢慢學起。

態度決定人生的高度，唯有抱著積極的態度，才可能距離夢想近一點。即使你的人生最終沒有「成功」這個名詞，至少也不會有「遺憾」這兩個字。

踏出第一步，是成功的基本態度

其實，做事的方法並不難，難的是做事前該有的心理準備，難的是踏出第一步所要具備的勇氣。

約翰大學畢業後的第一份工作，是進入一間小報社當記者。這天，他的上司交給他一個任務，要他去採訪當時最知名的大法官。

雖然這個工作是個表達能力的好機會，但是約翰感到非常煩惱，他想，自己不過是個剛出道的小記者，自己所在的公司不過是個二流的小報社，堂堂的大法官怎麼可能會接受他的採訪呢？

同事史蒂芬知道他的煩惱後，卻對他說：「我知道你在害怕什麼，可是害

怕於事無補，你現在的狀況，就好比躲在陰暗的房子裡，不斷想著外面的陽光有多麼熾烈，解決這個問題最簡單有效的方式，就是往外跨出第一步。」

說完，史蒂芬拿起桌上的電話，查詢大法官的辦公室電話號碼。接著，他打電話到大法官的辦公室，對著大法官秘書直接了當地說：「您好，我是《明星報》的記者約翰，我想要訪問大法官，不知道他什麼時候有空可以接見我呢？」

旁邊的約翰聽了，嚇得心臟都快要跳出來了。接著，約翰聽到史蒂芬對著電話說：「是的，明天下午兩點，我會準時到。」

看見史蒂芬鎮定專業的表現，他似有所悟。多年後，約翰從一個毛頭小子變成了《明星報》的首席記者，當晚輩詢問他如何成爲一個好記者時，約翰把他的經驗娓娓道來，並說：「從那時候起，我就發現單刀直入的辦法雖然很不容易，但是很有用，只要你能克服心中的畏怯，事情就會變得簡單多了！」

很多研究都發現，成功的人並不見得比他人更聰明，更不是靠運氣，而是因爲具備自信及接受挑戰的勇氣。反觀，失敗的人則在機會來臨時，不停地爲自己的怯懦或懶散尋找藉口和理由，平白讓成功自身旁溜走。

成功的機會何其珍貴，每放棄一次機會，就等於喪失成功的契機。自我設限往往是一個人成長進步最大的絆腳石。

遇到挑戰時，興起推託的藉口，認爲事情沒有這麼簡單，但是看別人做，卻好像都很簡單，這是人的通病。其實，做事的方法並不難，難的是做事前該有的心理準備，難的是踏出第一步所要具備的勇氣。

拿破崙曾說過：「一個人應養成信賴自己的好習慣。即使再危急，也要相信自己的勇氣與毅力。」

越去思索問題的難處，只會越想越覺得困難，不如換個念頭，把事情想簡單一點，成功自然觸手可及。

勇敢闖蕩，就有無窮希望

面對新的事物，要勇於開拓，在不斷挑戰新的困難時，才能逐漸變得更加強大，變得不可替代。

德國有個知名的電視節目，叫做「誰是未來的百萬富翁」。觀眾只要上節目參加遊戲答對問題，就可以累積獎金，一直到參賽者選擇停止遊戲，拿回目前累積的獎金，或是答錯問題，退出遊戲獎金歸零，也或者，一路過關斬將，取得最高獎金一百萬！

這個節目剛開始的時候，上節目的高手幾乎全軍覆沒，從來沒有一個人能夠成功挑戰到最後。

後來，參賽者學聰明了，只要獎金累積到十萬左右，就放棄遊戲，拿回累積的獎金，十萬元的門檻幾乎成了所有參賽者的共識，一直到一位名叫克拉馬的年輕人參賽，才終於產生了百萬獎金的得主。

奇怪的是，克拉馬的學識並沒有比其他挑戰者來得淵博，智商也沒有比較高，媒體事後評論，克拉馬之所以可以把鉅額獎金抱回家，是因爲他的心理素質和野心。因爲在獎金累積到五十萬以後，每一道題目其實都相當簡單，只要願意繼續挑戰，繼續冒險，就能順利將題目答對。

過去許多人之所以和百萬獎金失之交臂，都是基於「見好就收」的心態，見好就收或許可以讓人保有目前擁有的東西，但唯有具備成爲百萬富翁的野心，才能眞的成爲衆人欽羨的百萬富翁！

態度，決定人生的高度

不是每個人都想成爲百萬富翁，也不是每個人都一定要成爲百萬富翁。

人生不一定要有太多野心，但是也不能有太多膽怯。

如果你目前所擁有的東西並不能讓你滿足，如果你總是欲求不滿，那就勇敢地把手上的東西放掉，拼命去追求你眞正想要的吧！

面對新的事物，要勇於開拓，接受新事物的同時，要更新自身的知識與技能，並激發潛在的能力。不斷挑戰新的困難時，才能逐漸變得更加強大，嶄露頭角，變得不可替代。

換個角度思考，生活最大的目標或許不是成功，也不是要有多少財富。但若不能滿足現況，就要努力往上爬，直到得到自己喜歡的位置爲止，到那時，也是你出頭的時候了。

勇於探索，能產生意外的成果

不懷抱夢想，絕對沒有機會接近成功，動腦子思考，或許可以創造機會，但唯有動手嘗試摸索，才會有成功的可能。

一名年輕人在一家大公司擔任基層員工，工作半年以後，很想知道公司總裁對自己有什麼評價，可是總裁根本不會蒞臨他任職的小部門，也很可能根本不知道他這個人，他要怎麼樣才能知道總裁對他的想法呢？

年輕人考慮了很久，決定寫一封信給總裁，他在信中向總裁提出了幾個問題，最後一個問題是：「我是否能在更重要的位置上做更重要的工作？」

出乎他的意料之外，總裁沒幾天就回信了。總裁沒有約見年輕人，而是在

信中直接對他做了批示，告訴他最近公司正在新建一個廠房，請他去負責監督新廠的機器安裝，並且註明：「雖然這是一項重要任務，但你要有不升遷也不加薪的心理準備。」除此之外，信中還附有一張施工圖紙。

年輕人從來沒有接觸過這類的工作，幾乎不知道新廠需要哪些機器安裝，也不知道應該要做些什麼，但是他知道，這是一個難得的機會，如果現在放棄了，以後很難再有。

他廢寢忘食地研究那張施工圖紙，並請教許多專業人員，參與他們的研究，聆聽他們的建議。後來的工程進行得很順利，年輕人在預定工作時間之內完成了總裁交給他的任務。之後，年輕人想回到總公司向總裁報告工作進度，然而，總裁卻在電話中告訴他：「你不用回來了！」

此時，一位工作人員交給他一封總裁寫給他的信，信上寫著：「這封信是要通知你，你已經升任爲這間新工廠的總經理，薪水比原來提高十倍。當我看到你的信時，我便發現你與一般年輕人有些不同，所以我故意出了個難題給你，看看你會怎麼面對一張你看都看不懂的圖紙。結果我發現，你不但肯學習，還有出色的領導才能，因此我相信，你會是這間新公司最好的總經理。恭喜你，也祝你好運！」

許多人都希望自己能爬到更好的位置，卻很少有人主動爲自己爭取機會，甚至有的人什麼都不做，有的人連想都不敢想。

事實上，不懷抱夢想，絕對沒有機會接近成功，動腦子思考，或許可以創造機會，但唯有動手嘗試摸索，才會有成功的可能。

嘗試去做一件從來沒有做過的事，雖然可能會失敗，但就算失敗了，也是一種學習。至少，可以從這次經歷中更加了解自己，知道自己哪裡不足，知道有哪些需要加強的地方，深信自己在下一次機會降臨時，可以做得更好！也絕對會比那些不敢嘗試的人，獲得更多的機會！

細心體驗，機會就會出現

我們的通病是對近在眼前的機會視而不見，卻費力找尋遙遠的機會，有時甚至要等到面對面撞上了才看得見。

五百多年前，有位牧羊人每天都在草地上放牧牛羊，認真地過著日子。一天，他發現，在那麼多的山羊中，有一隻山羊總是表現得異常興奮，似乎要比其他山羊來得更加有活力，而且好像幾乎不用睡覺。

牧羊人覺得很奇怪，開始特別留意那隻山羊的一舉一動，他發現，那隻與眾不同的山羊特別愛吃山坡一棵樹上的紅漿果，而且吃完了以後就開始蹦來跳去，停不下來。

牧羊人於是也好奇地吃了一些紅漿果，果然，他整個精神都振奮了起來，晚上睡眠的時間也縮短了。

牧羊人開始把紅漿果當成每天的食糧。一次，一位經過此地的歐洲傳教士看見了，聽說紅漿果的神奇魔力之後，決定好好將它研究一番。

他摘了一些紅漿果回到住處，把清洗好的紅漿果放進熱水裡熬煮。煮出來的水色呈咖啡色，喝起來有點苦，但是別有一番風味。

傳教士把這個新發現告訴左右鄰里，群衆們紛紛如法炮製，並且都不約而同地認爲紅漿果水有助於振奮精神。

傳教士於是把紅漿果的種子帶回歐洲，並介紹給當地的商人，從此，這個世界上便有了「咖啡」這個東西。

態度，決定人生的高度

每個偉大的發明，都是一個傳奇。每個偉大的發明，都是從毫不起眼的發

現和創意開始的。

東方人喝茶的習慣已有千年之久，卻直到上個世紀末，才有人想到將茶製成瓶裝，以冷藏方式出售。

這就是牧羊人與傳教士的差別。

我們的通病是對近在眼前的機會視而不見，卻費力找尋遙遠的機會，有時甚至要等到面對面撞上了才看得見。

不要怪上天不給你機會，不要怨別人都比你好運，或許你不知道要怎麼爭取機會，但是至少要懂得珍惜每一個機會。

適當休息，使自己更快出人頭地

適當的休息可以讓疲憊的身心停下來喘口氣，若能充分利用休息空檔，更是使自己迅速出人頭地的良方。

有個年輕的樵夫每天早起晚睡，勤奮不懈。其他的樵夫工作的時候，他也工作，別人休息的時候，他還是努力地揮著斧頭，一直做到連最後一點夕陽餘暉都沒有了，才肯回家休息。

他希望可以趁著年輕多賺一點錢，沒想到一個月過去了，卻驚訝地發現，雖然他每天都花比別人多的時間工作，但是砍下來的木材卻比那些做做停停的老前輩還要少，這未免太沒有道理了吧！

年輕人百思不解，想了半天，推論原因可能是自己還不夠努力。他決心要更賣力工作，但是砍下來的木材非但沒有變多，反而還變得更少。

年輕人爲此悶悶不樂，有一天，一個老前輩叫他到樹蔭下去休息喝杯茶，年輕人不悅地回答道：「不行，我的工作績效這麼差，連砍柴的時間都不夠了，哪有時間休息啊！」

老前輩聽了，笑著說：「小夥子，你一直砍樹，都不磨刀，砍下來的樹當然比別人少啊！我們憑的是方法，但你卻只是一直在依恃蠻力！」

年輕人這才醒悟，原來，老前輩平時休息、泡茶、聊天的時候，同時也一邊在磨刀，難怪他們可以很快就夠把樹木砍倒！

態度，決定人生的高度

工欲善其事，必先利其器。做事固然要努力，同時也要記得省力，這樣才可以爲自己累積實力，創造更多的利益。

大家都曾經聽過一句話：「休息是為了走更長遠的路。」說明休息是生活中不可或缺的要角。

在繁忙的生活中，每個人都在苦苦追趕自己的目標，卻不可因此而忘了休息。適當的休息可以讓疲憊的身心停下來喘口氣，若能充分利用休息空檔，更是使自己迅速出人頭地的良方。

有些人認爲休息就是隨心所欲地放鬆，盡情玩樂，但聰明的人會懂得利用休息時間沉澱心靈，養精蓄銳；有些人只知道休息一定要出遊、睡覺、聊八卦，但有進取心的人卻會趁著休息空檔做運動、看書、學外語。試問這兩種人最後的成就會差多少？

或許可以這麼說：「休息的時候做什麼，決定了以後的人生會做什麼！」休息不只是爲了補充體力，更是給自己一個磨刀的好時機，讓自己有機會帶齊傢伙，隨時都可以上路！

PART 6

改變，使成功機會無限

人生充滿了許多機會，每個機會都代表一個人生轉捩點，可能使你揮別失意的現況，或是打開另一個更加開闊的視野。

改變，使成功機會無限

人生充滿了許多機會，每個機會都代表一個人生轉捩點，可能使你揮別失意的現況，或是打開另一個更加開闊的視野。

在美國的一個小酒吧裡，一名年輕小夥子正認眞的彈奏著鋼琴。他彈得非常好，吸引了許多知音天天來這裡報到。一天晚上，有名常客聽到一半時，突然對小夥子提議說：「你每天都彈類似的曲子，聽得都膩了，不如這樣吧，你唱首歌給我們聽，就當是換換口味！」

此話一出，立刻得到不少人的贊同，大夥兒在台下起鬨，要求小夥子獻唱一曲。然而，小夥子卻變得靦腆起來，很不好意思地說：「彈鋼琴我在行，但

是唱歌我從來沒有學過，也從來沒有表演過，這恐怕不是我的專長。」

「有什麼關係呢？」客人們紛紛鼓勵他：「可能就是因為你從來沒有唱過歌，所以不知道自己唱歌其實很好聽呢！」

酒吧的經理見狀，也出來遊說小夥子開口唱歌，以免掃了客人們的興。但是小夥子卻擔心自己會成為眾人的笑柄，說什麼也不肯唱。酒吧經理只好使出撒手鐧說：「要嘛唱歌，要嘛走路，你自己選吧！」

小夥子被逼急了，只好豁出去，紅著臉唱了一曲〈蒙娜麗莎〉。豈知他這一唱，所有人都被他渾厚的嗓音迷住了。在大家的鼓勵下，小夥子從此放棄演奏生涯，轉而向歌唱發展，並成功闖出了一番名堂。

他就是美國著名的爵士歌王，納京高。

如果不是那次的偶然一唱，納京高可能永遠沒有機會發掘自己的歌唱天分，

一個天才，很可能就這樣被自己的懷疑埋沒了。

嘗試新鮮的事物，不只是給自己一項挑戰，同時也是給自己一個機會。人生充滿了許多機會，每個機會都代表一個人生轉捩點，可能使你揮別失意的現況，帶給你璀璨的人生，或是替你打開另一個更加開闊明朗的視野。

要跨出改變的一步，對許多人來說，並不容易。因為每個人都害怕失敗，擔心改變後會帶來無法承受的危機。於是我們害怕改變，只好任由每個大好良機從我們眼前溜走。

新的事物固然令人害怕、令人恐懼、令人猶疑，但是不去嘗試，又怎麼能斷定結果是不好的呢？

能夠有機會嘗試，是很幸運的一件事。我們應該要趁自己手上還有籌碼的時候，勇敢的跨出第一步，無論結果是好是壞，都比一輩子原地踏步好。

試著踏出第一步，給自己機會去嘗試另一種可能性。

充滿自信，才有輝煌人生

當一個人對自己有充足的信心時，內心心會平靜，姿態也會安穩，在這樣的狀態下，實力才得以充分展現。

從前澳洲有個野蠻民族，相傳先祖是勇猛無比的雪怪，所以他們的後代子孫，不分男女老幼，個個力大非凡，就算赤手空拳也可以打死兇猛的獅子。他們殘暴的性情加上異常的天賦，使得附近的弱小民族長期生活在他們的欺壓之下，鎮日生活在恐懼之中。但是，根據記載，這個民族後來卻是澳洲所有少數民族中最先滅亡的一支。

這個發現，引起學者們高度興趣，紛紛著手進行調查。經過多年努力，終

於讓世人了解這個民族滅亡的原因。

原因是這個民族雖然身強體壯，但有一種奇怪的習俗——禁止族人洗澡。他們認爲身體的污垢是最好的保護體，是神賜的禮物，若是把身上的污垢洗掉了，神力便會消失，到時他們將手無縛雞之力，只能任由敵人宰割。

於是，幾個弱小民族聯合起來，趁著一個狂風暴雨的晚上，將暴漲的河水灌進他們居住的洞穴，瞬間將他們的身體沖洗得乾乾淨淨。

果然不出所料，突如其來的河水令他們發出驚恐的哀號，一時之間，原本神勇的族人一個個呆愣地癱倒在地。他們相信自己身上的力量已經完全消失，放棄了任何反擊的機會。

人類最大的敵人是自己。

對自己缺乏信心，是失敗的主要原因。我們總認爲自己有錢才可以做大事，要夠聰明才能把書讀好，要有時間才能開創一番天地，要得到一些外在的東西作為助力，才能擁有非凡的人生。

然而，那些外來的東西能夠提供給我們的其實只有安全感而已。內在的信心，才是我們眞正取之不竭、用之不盡的寶藏。

當一個人對自己有充足的信心時，內心會平靜，姿態也會安穩，在這樣的狀態下，實力才得以充分展現。即使最後的結果不如預期，也能用信心戰勝失望，為自己找到捲土重來的力量。

信心並不難擁有，讓自己充滿信心的秘訣，在於「相信」兩個字。

相信自己的能力，也相信自己的決定。如果不相信自己，那就相信上天吧！把所有的結果都交給老天爺，你只要努力衝到底就對了！

下定決心，生命便有無限可能

下定決心，讓我們產生堅強的意志，不懼艱難。只要下定決心去做每件事，我們也有機會成為偉人，也可以創造出奇蹟。

在瑞典，一個富裕的人家生下了一個可愛的女兒。就在小女孩剛滿三歲的那一年，突然罹患了一種原因不明的癱瘓症，喪失了走路的能力。

然而，女孩並沒有失去父母對她的寵愛。因爲心疼寶貝女兒所受的苦，父母親對女孩更是百般的呵護。

一年夏天，女孩全家一起坐船出外旅行。一路上，船長夫人熱心地描述了許多有關她丈夫的船，以及她丈夫航海的故事給小女孩聽。

其中最令小女孩著迷的，是船長的那隻天堂鳥。她希望能夠立刻親睹天堂鳥的模樣，因此死纏爛打地求保姆帶她去找船長。

保母拗不過小女孩的堅持，只好帶著小女孩來到甲板上。她把小女孩獨自一人留下，然後自個兒先去向船長打聲招呼。小女孩越等越不耐煩，剛巧有名水手經過他身旁，她便要求水手馬上帶她去看天堂鳥。那名水手並不知道小女孩不能走路，把她當成普通人一樣，拉著她的手準備帶她走。

就在這個時候，奇蹟發生了。小女孩因爲太渴望看見天堂鳥，竟然忘記身體上的不便，忘情地拉著水手的手，一步一步地向前跑去。

從那天起，小女孩的病不藥而癒。有了這樣的經驗以後，她知道，只要她想要，什麼都可以做得到。她後來成爲瑞典最偉大的作家之一，並成爲第一個榮獲諾貝爾文學獎的女性。

要成就大事，首先要具備的並非聰明的頭腦、強健的體魄或是廣闊的人脈，而是下決心的勇氣。

下定決心，讓我們產生堅強的意志，不懼艱難，勇敢向前行。只要下定決心去做每件事，我們也有機會成爲偉人，也可以創造出奇蹟。心中極欲完完成某件目標時，我們就會努力克服困難，找到解決方法，心中自會源源不絕地生出力量。換句話說，不做，不是因爲做不到，而是無法下定決心，努力往目標邁進。

我們經常爲自己找藉口，告訴自己「我能力不足」、「我時間不夠」、「我沒有機會」……說穿了，其實只是自欺欺人，將成功推拒門外。

如果眞的有心想要有所作爲，自然會去努力彌補自己不足的部分，自然會犧牲掉玩樂的時間，如此一來，要不成功也難。

有句名言說：「人類面臨的最大引誘，不是野心太大，而是安於平凡。」大多數的人無法功成名就，不是因爲沒有能力，而是因爲沒有決心。

從生活細節中發現成功

成功不需要太多複雜的計算，有時只需靈機一動而已。與其抬頭遠望，不如低下頭來，從生活周遭找出成功的契機。

一位年輕人乘火車到外地，途中經過一片荒無人煙的山野。在漫長的旅程中，火車上的人們幾乎都百無聊賴地盯著窗外看。

不久，火車經過一個拐彎處，一座簡陋的平房緩緩進入年輕人的視野中。

車上的旅客沒話找話，開始議論紛紛：「這種荒郊野外，怎麼會有房子呢？誰願意住在這裡啊？」

「就是啊，在這兒蓋房子眞是失策！就是想賣也賣不出去吧！」

年輕人聽了，靈光乍現，特地找了一個機會，不辭辛勞地來到那間房子前，敲門拜訪它的主人。房子的主人告訴他，這間房子是他們祖先傳下來的，住在這裡，每天都得忍受火車從門前經過的噪音，實在不好受，無奈這間房子不管價格壓得多低，都沒有人願意買，所以他們只好繼續住在這裡。

年輕人於是用低得不能再低的價錢買下了這個房子。

不過，他買這間房子不是用來住的，而是拿來當廣告招牌。想想看，空曠的荒野裡豎立著這麼一大塊廣告招牌，該有多麼醒目啊！每天這麼多班火車往返，將會有多少人注意到上面的廣告啊！

年輕人努力向一些大公司推銷這道視野極佳的廣告牆，後來，可口可樂公司看中了這塊看板。他們付給年輕人的租金，比他當初買下這房子的價錢還要多上十倍之多。

每樣東西都有它的價值，就像故事所呈現，一間房子如果不適合人居住，不代表它不適合用來做其他的事。

成功的方法有很多，創新發明是一種，廢物利用也是一種，你必須知道自己適合的是哪一種。

很多大事業，都是從小地方開始的。成功不在於轟轟烈烈，而在於點點滴滴。如果能充分利用生活中的每一個細節，努力發揮自己的每一分才華，懂得善用每樣東西的價值，人生也會因此產生非凡的價值。

成功不在遠方，而在我們的身邊，換個念頭就能讓自己出頭。成功不需要太多複雜的計算，有時只需靈機一動而已。與其抬頭遠望，好高鶩遠，不如低下頭來，從我們的生活周遭找出成功的契機。

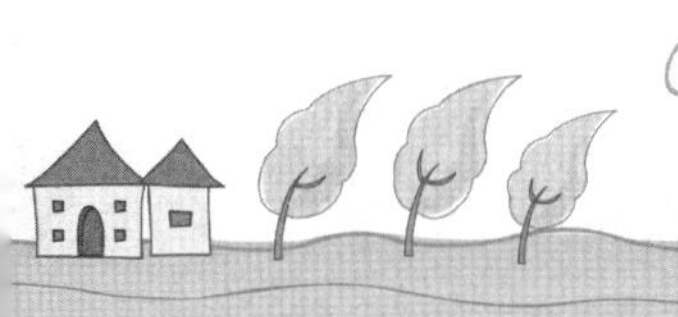

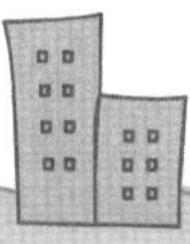

幫忙，要小心越幫越忙

看事物的角度每人皆有所不同，貿然介入他人的生活，以為自己是正義的化身，殊不知只是突顯自己的愚昧與無知。

女權主義運動的領導者格洛麗亞．斯坦姆，在一次演講中，和大家分享了她的一段親身經歷。

當她還是一個學生時，一次經過河邊，看見一隻巨大的烏龜趴在路邊，顯然是剛剛才從河裡爬上來，經過一段陸地才來到了現在這個地方。

格洛麗亞看牠以極辛苦的動作一步一步緩慢地前進，感到於心不忍，何況路上的車子這麼多，這隻烏龜隨時有被壓死的危險，便想幫牠一把，把這隻烏

龜送回河邊。格洛麗亞費了好大的力氣，才成功地把這隻烏龜抓起來，一路上，烏龜又扭又縮，甚至還想咬她的手，一點兒也不願意跟她合作。格洛麗亞心想，眞是狗咬呂洞賓，不識好人心。不過，畜生畢竟是畜生，防範外敵是生物的本能，沒什麼好計較的。

回到學校以後，格洛麗亞立即把這件事告訴了地理學教授，期盼得到教授的讚許。沒想到，教授卻皺著眉頭對她說：「妳知道嗎？那隻烏龜爲了要到路邊的泥土裡產卵，可能花了一個月的時間，才好不容易爬上公路，沒想到妳卻把牠又推回河裡！」

格洛麗亞頓時慚愧得說不出話來，這回經驗，是她人生中非常寶貴的一課。她了解自己的愚昧與無知，往後的日子裡，在挺身而出幫助他人之前，她都會想想那隻曾經受到她「幫助」的烏龜。

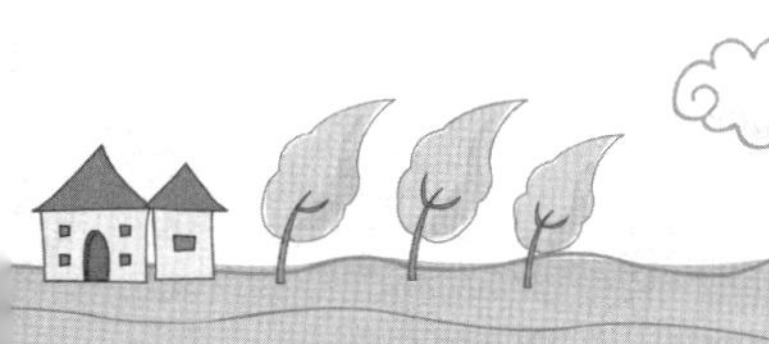

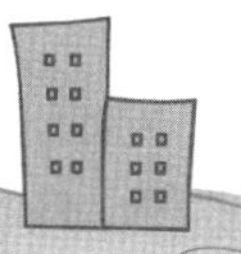

人的認知會受到成長經驗及教育背景左右，要達到絕對的客觀不啻是天方夜譚，一般人都習慣用自己的主觀看法去臆斷他人的心思，用自己的思考方向去解讀、詮釋一件事。

看事物的角度每人皆有不同，貿然介入他人的生活，還自鳴得意，以爲自己是正義的化身，出手相助是俠義之舉，殊不知只是突顯自己的愚昧與無知。

「助人」是一種美德，尤其是不計利益、發自內心的相助更是可貴，但往往流於自己的錯誤判斷，反成糗事一樁。

這種「我都是爲你好」的心態，搞得自己裡外不是人，瞎忙一場後，還怨嘆對方不識好人心，其實都是偏見在作祟。偏見讓我們只看見自己心中所想的，刻意忽視當事者的感受，甚而斥責當事者的想法。

要先有充足的了解，才能爲對方做出最正確的決定。否則，你只是在自己不了解的事物中硬插一手，比那些袖手旁觀的人還更加要不得！

從失敗中學習，終能得到勝利

成功之路並不平坦，絕大多數的成功人士都曾在這條路上跌倒，但終究能獲得成功，原因是在於他們懂得從失敗中學習。

琳達是個典型的美國女孩。

一次，她在保加利亞的旅行途中，吃到一種非常好吃的甜點，特地向當地的一位婦女討教，花了好長的時間才學會了做這種甜點。

但是，回到美國後，琳達按照那名婦女傳授的食譜如法炮製，結果卻一塌糊塗，讓琳達懊惱到極點。

琳達本著打破沙鍋問到底的決心，再次去保加利亞請求那名婦女爲她再示

範一次。這一次，琳達學得更加用心，每一個步驟都做了詳細的記錄，只是，回家以後，她獨立操作，卻又再一次嚐到失敗的滋味。

琳達左思右想，始終想不透失敗的原因。她確信自己眞的按照食譜一步一步做，也確信自己使用的材料和食譜相同，爲什麼就是沒有辦法做出來記憶中的美味呢？

一次聚會中，琳達向一位烹飪專家請益。專家聽了琳達的描述，反問她：「妳說妳做出來的甜點不好吃，有沒有想過究竟是哪裡不好吃？」

琳達仔細回想了一下，說：「我覺得我做出來的東西太軟了。」

「嗯，那有可能是因爲水分太多的關係，」專家中肯地建議道：「既然妳覺得做出來的東西太軟了，爲什麼不試著少放幾顆雞蛋，減少一些水分呢？」

琳達想了想，總算恍然大悟。她按照所抄寫的筆記，放了十顆蛋，卻忽略美國的雞蛋比保加利亞的蛋大了許多，難怪她怎麼做都失敗！

回家以後，琳達再次嘗試製作甜點，這一次她只用了八顆雞蛋，結果做出來的甜點味道和她吃過的一模一樣。

失敗是一次考驗，讓你有機會可以停下來思考：問題究竟出在哪裡？自己到底哪個環節沒有做好？原料是不是有問題？雞蛋是不是該減量？

失敗的滋味不好受，但若因此而不品嚐自己的失敗，不反省自己的失敗，那就等著去迎接下一次失敗吧！

很多人把失敗歸咎於自己的運氣不好，然而，有人能夠正確的判斷出自己的運氣什麼時候會好嗎？

失敗總有原因，千錯萬錯都是自己的錯，千變萬變不如自己改變。成功的方法其實很簡單，就是找出所有可能造成失敗的原因，一項一項徹底排除。

成功之路難免顛簸崎嶇，絕大多數的成功人士都曾在這條路上跌倒，但終究能獲得成功，原因在於他們並未被失敗打倒，懂得從失敗中學習。

設身處地，才能了解對方心意

人與人之間的了解，靠的不是猜測，而是觀察。在你設身處地從對方的觀點看事情之前，不要說你已經充分的了解他。

王后深得國王的寵愛，但是卻整天悶悶不樂。因爲每當她對著鏡子微笑的時候，就會看見自己那對尖尖的虎牙。她開始感到害怕，擔心國王會因爲她的這個缺點而嫌棄她。

雖然國王從來不曾說過什麼，但是王后知道，等到國王開口的時候，或許就已經來不及了。於是，她偷偷地找來全國最好的牙醫，將她的虎牙拔掉，換成了一口整齊貝齒。

王后看看鏡中的自己，眞是美如天仙！她滿心歡喜地跑去找國王，希望國王也能感受到她的喜悅。

然而，國王只是不發一語地瞧瞧她的新牙，就一臉失望地走出大門。自那天起，王后就被國王打入冷宮。幾個月以後，國王新娶了一個年輕貌美的女子做妃子。皇宮裡的僕人在背後議論紛紛，他們說，國王看新王妃的眼神，和當初他看王后的眼神一模一樣！

失寵的王后日子過得非常孤單，時常自怨自艾地默默垂淚。原以爲自己變漂亮後一定可以順利留住國王的心，沒想到還是遲了一步。這位新王妃一定長得國色天香，要不然，國王又怎麼會如此無情呢？

一天，王后在後花園裡遇見了新王妃。出乎預料，新王妃不但相貌平庸，而且言行儀態更是粗魯。

新王妃見到王后，傻傻地對她一笑。讓人清楚地看見新王妃的嘴裡長著一對尖尖的虎牙，就和她從前一樣。

原來，國王最喜歡的，就是女人的虎牙！

激勵作家肯尼斯曾經說：「如果你能用心從別人的角度多想想，你就不難找到妥善處理問題的方法。」

這番話告訴我們，面對難以解決的人際問題，必須設身處地了解對方的想法，不能一味以自己的認知謀求解決之道。

畫虎不成反類犬，妄加揣測對方的心意，結果偷雞不著蝕把米，王后的用心卻成爲悲涼的笑話一則。

喜歡上一個人時，我們自然會期望對方也喜愛自己，於是千方百計地想改變自己，渴望自己能滿足對方的幻想。

但是，如果弄巧成拙，就後悔莫及了。

追求姣好外表是女人的天性，女人可以付出一切，只求能讓自己更加美麗。追求自己的外表，何錯之有？王后所犯的錯，不是追求美麗，而是她猜錯了國王的心意。

每個人對美的標準都不同，如果王后在整牙之前，事先探聽國王的意見，還會落得如此下場嗎？

我們經常用自己的角度去揣度他人的想法，這就是所有誤會的根源。

人與人之間的了解，靠的不是猜測，而是觀察。細心觀察對方的一舉一動，留意對方的喜怒哀樂。

假使王后眞的那麼在意國王的感受，爲什麼不在整牙之前先詢問過國王的意見？如果王后眞的想要得到國王更多的疼愛，她就應該要知道，國王眞正喜愛的究竟是什麼。

在你設身處地從對方的觀點看事情之前，不要說你已經充分了解他。

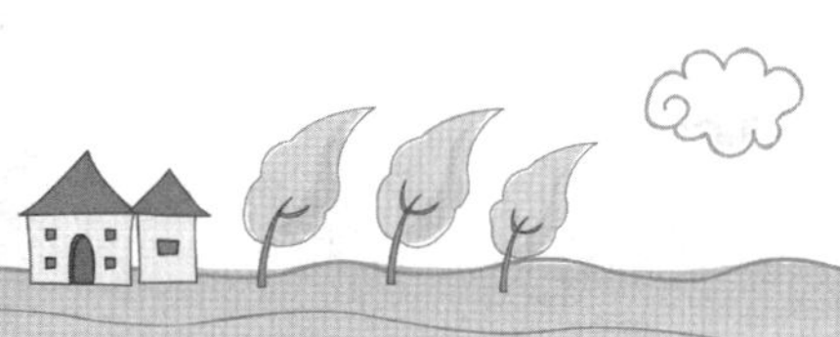

效法對手，才能超越對手

嫉妒別人並不會使自己產生力量，反倒是尊敬你的對手、效法你的對手，才有可能超越他。

有個獵人住在阿爾卑斯山上，養了一隻老鷹幫助他狩獵，還養了一隻鸚鵡陪他說說話。因爲老鷹的好視力及驍勇善戰，獵人每天都能滿載而歸。

一年春天，獵人帶著他的老鷹和鸚鵡下山到市集去補貨，由於老鷹習慣了深山裡杳無人煙的生活，見到市場裡這麼多人，非常害怕，一時慌張地用利爪抓傷了獵人的臉。

獵人難得下山，準備要見幾個老朋友，沒想到居然在這個時候被抓成大花

臉，不禁感到非常生氣，狠狠地數落了老鷹幾句。

素來嫉妒老鷹深得主人器重的鸚鵡見狀，趕緊趁機落井下石：「主人啊，你看老鷹那傢伙，你平時對牠這麼好，牠居然對你恩將仇報。我知道，你之所以給牠一口飯吃，是因爲牠能幫你打獵。可是老鷹畢竟是老鷹，牠能幫你什麼呢？打獵這種事，主要還是要靠你自己出力啊。我看啊，你不如把老鷹賣掉，換幾個雞回來養，雞不但性情溫馴，而且還能母雞生小雞，以後你就不用這麼辛苦的出外打獵了！」

獵人想了想，還眞有那麼一點道理，便照個鸚鵡的建議，在市場裡用老鷹換了幾隻雞回家。

只是生長在平地裡的雞來到山區以後，無法適應高山上的氣候，非但沒有如期繁殖，還水土不服患病死去。獵人只好按照從前的方式過日子，獨自外出去打獵，然而，山區實在太大了，少了老鷹的幫忙，獵人根本無法準確掌握獵物的行蹤，每每空手而歸。還撐不到冬天，獵人就已經餓成個皮包骨。而那隻鸚鵡呢？早成爲獵人的盤中飧了。

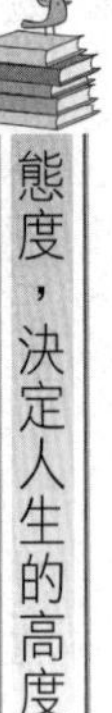

人如果總是存著算計別人的心思，總是從陰暗面看待生活，心中必然佈滿陰霾，生活必然由衝突、摩擦和痛苦串連而成。

千方百計加害你的競爭者，或許可以讓你暫時變成第一，但是卻不可能會讓你變得更好。

嫉妒是人的天性，看到別人比自己過得好，人的心裡難免會感到不愉快。很多人因爲遭到別人嫉妒而導致失敗，但是幾乎沒有人因爲嫉妒別人而成功。嫉妒別人並不會使自己產生力量，反倒是尊敬你的對手、效法你的對手，才有可能超越他。

你的對手垮了，你未必能爬得更高。但若你先釋放善意，和他合作，把他推得更高，他站到高處，說不定還會反過來拉你一把呢！

撇開煩惱，將鬱悶統統趕跑

如果放任自己糟糕的心情，不斷地做負面思考，不僅會對我們的心靈造成莫大的陰影，也會影響我們的人際關係。

一位農夫來到城裡一家餐館，向老闆詢問是否要買青蛙腿。農夫說，他可以提供整整一萬隻青蛙腿。

餐館老闆聽了那個數字以後，嚇了一跳，問農夫是從哪兒找到那麼多青蛙。

農夫回答說：「是從我家附近的池塘裡找的，我敢打賭，那座池塘裡面少說有上百萬隻青蛙。一到晚上，牠們就開始拼命地呱呱叫，我已經被牠們吵得好幾天都不能睡了！」

餐館老闆於是答應向農夫買青蛙。只是，交貨的日期到了，農夫卻只拎著兩隻瘦骨嶙峋的青蛙來。

老闆覺得很奇怪，問道：「怎麼回事？你不是說要賣給我一萬隻青蛙嗎？其他的青蛙在哪裡呢？」

農夫很不好意思的說：「是我搞錯了，我去池塘抓青蛙時，才發現那裡原來只有這兩隻青蛙，我聽到的那些噪音，其實全都是這兩隻發出來的。」

生活中難免會有煩惱，那些煩惱的確就像窗外的蛙鳴一樣，不時擾人清夢，打擾我們的睡眠，然而，如果你不努力去遺忘這些煩惱，反而還集中精神去仔細聆聽，那麼，這些噪音聽在你耳裡，就會變成像幾百萬隻青蛙發出來的聲音一樣大。但事實上，那不過只是兩隻青蛙而已。

菩提本無樹，明鏡亦非台，本來無一物，何處惹塵埃？如果不把煩惱當成煩惱，就無事可憂心，生活也可以過得快樂許多。

但要完全撇開煩惱，並不是件容易的事，畢竟我們並非聖人。所以我們要坦然面對煩惱，思索解決之道。而且爲了自己好，更要花時間去排解鬱悶的心情，釋放負面的情緒。

如果放任自己糟糕的心情，不斷地做負面思考，給自己累積愈來愈大的壓力，不僅會對我們的心靈造成莫大的陰影，也會反應在我們的日常生活舉止上，間接影響我們的人際關係。

就像英國首相邱吉爾所說：「如果我碰到煩惱時，我就會想起一個老先生臨終時說過的一句話。他說他大半輩子都活在煩惱之中，可是大部分他所擔心的事情，卻從來沒有發生過。」

煩惱也許會在你的生活之中激起幾道波紋，但卻不足以掀起什麼驚濤駭浪，只要你不試圖去把它們放大，它們就會永遠只是兩隻小青蛙而已。

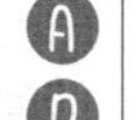

PART 7 在有限的生命活出無限的意義

只要我們能夠在最短的時間裡完成最多的事情，也就等於是在有限的生命中活出了無限的意義。

熱情洋溢讓成果充滿魅力

想要完成一件事，除了持續的努力之外，由衷燃起的熱情更是不可或缺的重要條件。

美國芝加哥有個叫羅愛德的小鎮。前不久，鎮上有位女教師舉辦了一次攝影展覽，吸引了美國各地二千八百多位記者前來採訪，是美國史上個人攝影展覽採訪記者人數最多的一次。

這位女教師名叫露易絲，四十多歲，是個平凡的小學老師。她展出的相片清一色都是女兒的照片，平心而論，她的拍攝技術一般，構圖也沒有什麼特別出色的地方，但是她的作品爲什麼可以吸引衆人的目光呢？

露易絲把這次展覽的主題稱爲「女兒每天都是新的」。她從女兒出生開始，堅持每天都爲女兒拍一張照片，從女兒出生到二十歲，足足拍了二十年從不間斷，這些照片排出來，足足佔滿了展覽館的八層樓。

這一張張照片中展現了露易絲對女兒永恆的愛，露易絲也因此被評選爲優秀教師。她用平凡而眞摯的照片，感動了全美國人的心。

每天拍一張照片，這是每個人都可以做得到的事，但是堅持二十年從不間斷，就很少人能夠做到了。支持這名女教師這麼持續下去的，除了她自身的決心和毅力之外，更是她對女兒的那份愛。

人對於自己所愛的事物，是付出再多也不以爲苦的。若是要這名女老師每天拍攝家門口的電線桿連續拍攝二十年，你想她做得到嗎？

因此，想要完成一件事，除了持續的努力之外，由衷燃起的熱情更是不可

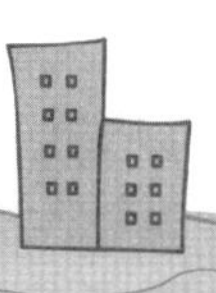

或缺的重要條件。

如果你對自己所從事的工作並不那麼感興趣，或許你也可以像這名女老師一樣，利用工作以外的時間培養別的興趣。

當你找到了抒發熱情的管道，從自己的興趣當中得到了樂趣，那麼你也可以學會用不同的角度看待自己的工作，試著從工作中尋找樂趣，並進一步用熱情把自己的工作做得更好。

每一分鐘都可能影響成功

不要小看一分鐘的時間，當你連一分鐘的時間也捨不得浪費，自然會擁有比別人多好幾分鐘的時間。

一名年輕人想要向著名的創業家討教成功之道，於是找了個機會前去拜訪那位創業家。當年輕人來到創業家家裡時，意外地看見創業家的書房亂七八糟、狼藉一片，和他平時在媒體上的形象完全不同。

還沒等年輕人開口，創業家就搶先說：「你看我這房間，太亂了，請你在門外等候一分鐘，我先收拾一下，你再進來吧。」

創業家一邊說一邊輕輕地關上了房門。

秒針才剛剛走完一圈，創業家就準時打開了房門，請年輕人進書房參觀。

這一回，年輕人覺得更驚訝了，因爲房間的景象已經變得和一分鐘前迥然不同，現在的房間整齊得像裝潢雜誌上的樣品屋，茶几上甚至還擺放了兩杯剛剛倒好的紅酒。

創業家拿起其中一杯酒交到年輕人手上，自己再拿起另外的那杯酒，接著對年輕人說：「乾杯，喝完這杯酒，你就可以走了。」

「啊？什麼？」年輕人手持酒杯愣了一會兒，怯生生地說：「可是……可是我還沒向您請教呢……」

「難道我教你的這些還不夠嗎？」創業家一邊說一邊掃視整間書房，然後意有所指的對年輕人：「你已經進來足足有一分鐘的時間了。」

「一分鐘……一分鐘……喔，我明白了！」年輕人恍然大悟，「您是想讓我知道，一分鐘的時間可以用來做很多事情，所以如果想要成功，就要善用每一分鐘的時間。」

創業家點點頭，深感安慰地笑了。他們花了不到一分鐘的時間把杯裡的紅

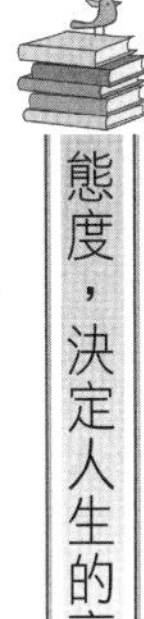

酒一飲而盡，接著年輕人快步離去，沒有浪費任何一分鐘的時間。

富蘭克林說：「時間就是機會，想要充分的活著，必須學習善用時間。」德國文學家歌德也曾如此說：「如果我們把時間用在對的事情上面，那麼我們永遠都會有時間。」

時間效率大師蘭肯更是一針見血地說：「根本沒有時間不夠這回事，我們有許多時間來做我們真正想做的每一件事。」

珍惜時間，要從活著的每一天開始；把握時間，要從睜開眼睛後的每一小時做起；善用時間，要從當下的每一分鐘開始。不要小看一分鐘的時間，當你連一分鐘的時間也捨不得浪費，自然會擁有比別人多好幾分鐘的時間。

用加倍專注贏得眾人矚目

除非你比別人更聰明，否則你就必須比別人更加爭氣，花更多時間打拼，才有可能表現得比別人出色。

卡羅斯．桑塔納是一位世界級的吉他大師，然而學生時期的成績簡直就是一團糟。一天，美術老師把他叫到辦公室，對他說：「桑塔納，我看了一下你的成績，你得過最好的成績是六十分多一點，其餘就是低於六十分。但是你的美術成績卻有很多個『A』，我看得出你有繪畫的天賦，而且，你在音樂方面的表現也非常出色，我覺得你是個藝術家的料。但是如果你想要成爲一個眞正的藝術家，這樣的學習態度是不行的。我想帶你到舊金山的美術學院去參觀，

這樣你就能知道你所面臨的挑戰了。」

美術老師說得出做得到，眞的找了個假日，把全班同學都帶到舊金山美術學院參觀。在那裡，桑塔納親眼看到那些熱心投入藝術的人是如何作畫的，無論有多少學生嘰嘰喳喳地圍繞在他們身邊，他們都好像沒有聽見似的，絲毫不影響他們作畫時的專心。

桑塔納深深地感受到自己和他們之間的巨大差距。此時，老師告訴他說：「心不在焉、不求進取的人根本進不了這裡。如果你想進到這裡，就要拿出百分之兩百的努力。不管你做什麼或想做什麼，都要用這樣的態度去做。」

老師的一番話深刻地烙印在桑塔納心裡，從此以後，他積極認眞地投入每一件他想做的事情，終於在二〇〇〇年以「超自然」這張專輯，一舉獲得了八項葛萊美音樂大獎。

從桑塔納的例子中，我們可以知道，所謂的「成功」，就是拿出百分之兩百的努力，朝你最有天分的方向邁進。

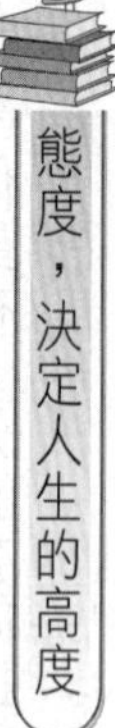

唐代名臣褚遂良曾經寫下四句話：「絕利一源，用師十倍。三返晝夜，用師萬倍。」意思是只要專心致力於單一的源頭，就能湧生出十倍的威力；若是再堅持三天三夜，心無旁騖，就能產生萬倍的力量。

這裡所謂的「絕利」，意指「棄絕一切享樂」，一心一意去做你應該做，以及你想做的事。大多數人的資質都差不多，但是結果卻有人成功，有人失敗，原因在於每個人下的功夫都不同。

除非你比別人更聰明，除非你做起事來比別人更有效率，否則你就必須比別人更加努力，花更多時間打拼，犧牲更多享樂的時間，才有可能表現得比別人出色。下一次，當你偷懶的時候，請記得，你的競爭對手就是在這種時候，悄悄地超越了你！

肯定自己才能獲得尊敬

一個人身上最大的資產，就是對自己的肯定。沒有辦法堅持自己的價值，當然也沒有辦法讓人認同他的價格。

小郭跟著旅行團到泰國旅行時，才剛踏出機場，就遇到一個素昧平生的泰國男子一路跟著他們，拿著攝影機朝他們猛拍。這名泰國男子扛攝影機的架式十足，小郭原本還以爲他是某家電視台的記者。

然而，接下來，這名男子的舉動卻很不尋常。

當小郭他們上了遊覽車前往觀光景點的時候，那名泰國男子一路騎著摩托車追隨在後；當旅行團在餐廳用餐時，那名泰國男子又扛著他的攝影機，拼命

捕捉大夥兒乾杯、喝酒、開玩笑的熱鬧場面。

別人問他為什麼要拍？拍了要做什麼？泰國男子一句話也沒有回答。

第二天一早，當旅行團從住宿的旅館踏出來時，那名男子早已騎著摩托車等候在旅館門口，又繼續跟著旅行團四處遊覽，四處拍攝。

到了行程的最後一天晚上，小郭他們在餐廳裡享用在泰國的最後一頓晚餐時，那名泰國男子又出現了。

只是，這一次他沒有扛著攝影機，而是手拿著一片光碟和一台筆記型電腦，將光碟播放給所有旅行團的團員看。

光碟裡記錄著這幾天以來小郭他們在泰國的每個歡樂場面，除了大夥兒一起歡笑的場景之外，每個人都能從中找到幾個自己的特寫鏡頭。

整個紀錄片不但剪輯得流暢專業，而且還配上了中文字幕和音樂，簡直就像電視上播出的MV一樣。

泰國男子的開價是八千塊錢，後來討價還價到了五千塊錢，衆人稍微計算了一下，平均每個人只要出幾百塊錢，就可以把這張紀念光碟帶回去了。

但是，小郭卻仍然覺得太貴，他是做生意的，非常懂得精打細算。只見他代表所有的團友殺氣騰騰地對那名泰國男子說：「一口價，三千塊錢！你要是不願意的話，就算了，反正如果我們不買，也不會有別人買，你這幾天的工就白幹了！怎麼樣？是要三千塊還是要什麼都沒有？」

出乎小郭的意料之外，那名泰國男子並沒有妥協，堅持五千塊是最底價，否則他寧願做白工。雙方僵持了約二十分鐘，價錢還是沒談攏，泰國男子失望地離開了，從此再也沒有露面。

不過，臨上飛機之前，旅行團的領隊還是託人找到了那位攝影師，花八千塊錢買下了那張光碟。

態度，決定人生的高度

爲什麼那名泰國男子這麼堅持不肯降價呢？因爲他知道，這次就算沒有做成生意，下次還會有機會做。

如果他降價了，以後就會被人吃得死死的。這次是三千塊錢，下次也許是兩千塊錢，再接下來呢？他只能讓人任意砍價錢。因爲他沒有辦法堅持自己的價值，當然也沒有辦法讓人認同他的價格。

從這名泰國男子身上，我們可以看見，一個人身上最大的資產，就是對自己的肯定。只要你表現得眞的和你自己所認定的一樣好，就眞的能夠獲得你所應得的等值回報。若是只知逞一時意氣，沒有遠見，便無法得到尊敬。

堅持，是最珍貴的傳家之寶

在成功的道路上，最大的絆腳石不是失敗和挫折，而是絕望和灰心。只要不認輸、不認命，就有機會扭轉人生的結局。

一名父親臨終前，把獨子叫到床邊，指著床底下對兒子說：「我們家雖然窮，但其實我這兒有一件寶貝。我的床底下藏有一幅畫，是唐代名詩人王維的眞跡，從你爺爺那一代傳下來的。這麼多年來，雖然我生意失敗，家徒四壁，可是就算是山窮水盡的時候，我只要想到我還有這幅畫，心裡就會覺得很踏實。我告訴自己，如果眞的不行了，至少我還有這幅畫可以賣。沒想到就這樣，我居然撐下來了，現在，我把這幅畫完好的交到你手裡，算是對得起祖宗，也對

得起子孫了……」

話才剛說完，老人就斷了氣。

兒子拿出床底下的畫一看，果然是一幅傳世的無價之寶。他的母親說：「把畫賣了吧，賣了畫，有了錢，你就可以出國留學了。」

「不，不能賣！」兒子無比堅定地說：「想想看，以前家裡那麼苦，爸爸都沒有把畫賣掉，現在，我也會盡我所能把這幅畫保住，除非真的不行了，否則我絕不賣畫……」

說也奇怪，當兒子下了這樣的決心之後，他的路居然走得越來越順。靠著替人補習、家教打工和申請到的獎學金，他順利地在國外拿到學位，而且還交到一個美麗又有才華的女朋友。

女朋友家裡非常富有，她的父親看不起這名窮小子，特別把他叫到家裡來訓斥說：「你們家那麼窮，能養得起我女兒嗎？」

年輕人笑一笑，回答說：「伯父，其實我們家並不窮，老實說，我們家還挺有錢的，因爲我父親臨終前留給我一幅唐代王維的眞跡，賣了它，至少能買一棟房子，只是我和我母親說好了不賣。如果您不相信的話，下次我把畫拿來，您看看就知道了。」

女朋友的父親聽了，臉色和緩了下來，他說：「不用看了，我看你說話的樣子就知道你沒有說謊。你在那麼苦的日子中還能守住那幅畫，我相信，不管你將來的生活過得如何，都能守住我女兒的。」

態度，決定人生的高度

這戶人家守住的不只是一幅畫，更是那一份刻苦的精神。

因爲有那一幅畫的存在，所以就算人生的路已經很難再走下去，他們都仍然相信自己還沒有走到盡頭。

那幅畫就像一顆定心丸，令他們覺得氣餒的時候不灰心，想放棄的時候不絕望。因爲他們還有一幅畫，所以他們不需要絕望。

或許，我們並沒有一幅價值連城的畫來作爲傳家之寶，但是我們也應該秉

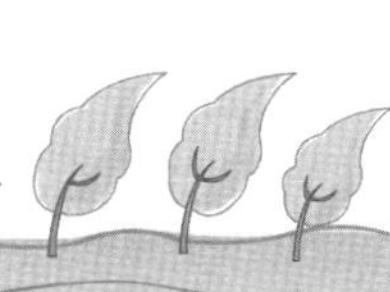

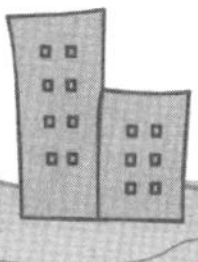

著「天無絕人之路」的信念向前衝。

在成功的道路上，最大的絆腳石不是失敗和挫折，而是絕望和灰心。只要我們相信自己總會找到出路，只要我們相信再大的困境也不是盡頭，就一定可以跨越最難跨越的障礙。

別再抱怨了，雖然我們並沒有一幅名人真跡，但是我們至少還有一口氣。只要不認輸、不認命，就有機會扭轉人生的結局。

實力再弱，堅持就能穿石

成功不是一時的激情，而是一生的堅持。想要擁有出色的成就，就要靠平時不斷地衝刺與累積。

在自然界中，不管氣候多惡劣，都有生物頑強地生存著。即使在乾燥熾熱的沙漠中，我們都依然可以發現許多生命的奇蹟以及生存的智慧。例如蛇這一種動物，會把身體彎成「S」型迅速前進，以避免皮膚長時間與炙熱的沙子接觸。

比蛇的生命力更頑強的，是一種體型只有麻雀般大的小鳥。牠們之所以比蛇更厲害，是因爲不但要像蛇一樣在沙地上找食物，同時也很可能會成爲蛇的

食物。這類鳥兒不但要面對惡劣的自然環境，還要對付躲在沙子底下的蛇的襲擊，但是牠們依舊還是存活了下來。你知道牠們是怎麼做到的嗎？

美國生物學家克林萊斯曾經拍到了這麼一組精采鏡頭：

當鳥兒撲搧著翅膀，剛剛降落在沙地上準備要尋找食物時，潛伏在沙子裡的蛇突然張著血盆大口竄了出來。眼看鳥兒就要被蛇一口吞下，但是鳥兒並沒有就此服輸，用自己的爪子一下又一下地攻擊著蛇的頭部。雖然鳥兒的力量有限，牠的爪子對蛇根本構不成什麼威脅，但是牠並沒有停止動作，一面閃躲蛇的大口，一面準確地襲擊蛇的頭部。

就在鳥兒拍了一千多下時，蛇終於被打到頭昏眼花，無力地癱軟在沙地上，昏了過去。大難不死的鳥兒這才停在沙地上，從容地吃了一些小甲蟲，然後揮動翅膀慢慢地飛走了。

生物學家根據這段影片推論出一個答案：鳥兒和蛇的力量有著懸殊的差距，所以鳥兒並不以蠻力和敵人硬拼，只瞄準蛇頭的一個小點，並持之以恆地用爪子拍擊。力量雖小，但是火力集中，終於在懸殊的較量中贏得了勝利。

不管是多麼微小的力量，只要持續不間斷地努力，就一定能夠看得見成果。滴水穿石，聚沙成塔，在在證明了堅持就可以創造奇蹟。

成功不是一時的激情，而是一生的堅持。想要擁有出色的成就，就要靠平時不斷地衝刺與累積。

找到正確的目標以後，我們必須專心一意地朝著目標前進。滴水之所以可以穿石，是因爲水滴每次都滴落在石頭的同一個點上，沒有次次變花樣換地方，才完成了穿石的壯舉。

因此我們知道，只要確立目標，再經過長時間的堅持，那麼無論我們本身是一塊什麼樣的料，都可以打造出自己夢想中的那一片美景。

信念堅定就能朝目標筆直前進

成功的先決條件，就是要有一個明確的目標。目標不夠堅定，就算你健步如飛，恐怕也很難不迷路。

小李和一位經商成功的朋友一同走在街上。

走著走著，從巷子裡緩緩走來一個盲人，正巧走在他們的後面，和他們同一個方向。只見盲人每走一步，都要用導盲杖輕輕點路，動作十分緩慢。

小李和朋友邊走邊聊，不知不覺聊到了自己從出社會後不停轉換跑道，公司換了一家又一家，一直到現在三十好幾了，口袋裡仍然空空如也。

朋友體貼地聽著小李抱怨，但是卻始終沉默不語，過了一會兒，小李偶然

回頭，忽然已經看不見剛才那個盲人的身影。

「奇怪了，這條路明明沒有岔路，那個盲人到哪兒去了？」

「他早就已經超越我們，走過去老遠了！」朋友笑著說。

「怎麼可能？他是一個盲人，怎麼會走得比我們快那麼多呢？」

「怎麼不可能？我們一邊走一邊說話，四處張望、三心二意地散步，當然走不快啊，可是他卻是一直專心一致地在走路。」

聽到這句話，小李的心猛地震動了一下，他終於明白何以自己至今仍然一事無成，正是因爲他總是三心兩意地在走路，如果他能像盲人一樣專心地去做一件事，說不定現在也會像身邊的這位朋友一樣成功呢！

雖然一個意志堅定的人，不一定就會成功，但是，一個成功的人，一定是個意志堅定的人。

如果你的心裡連一個明確堅定的目標都沒有，又如何知道自己該往哪個方面去努力。若是你不知道自己應該怎麼努力，那麼又怎麼可能會成功？

因此，成功的先決條件，就是要有一個明確的目標。

當你知道自己的目標在哪裡，自然會找出通往目標的道路。就算走得再慢，只要是走在正確的那條道路上，總有一天會到達終點。

最怕是你的目標不夠堅定，哪兒的路平就往哪兒走，那樣的話，就算你健步如飛，恐怕也很難不迷路，或是莫名其妙地走了許多冤枉路。

逐件完成，才能樂在過程

把事情一件一件地完成，並在每個階段完成以後，提醒自己品嚐那些小小的成就，便不容易陷入慌亂的膠著狀態中。

有位成功的企業家，無論工作有多忙碌，臉上總是帶著微笑。

一次，有個記者問他說：「您在報章雜誌上的每張照片幾乎都是笑著的，您工作那麼忙，壓力一定很大，可是爲什麼看起來永遠都是這麼開心呢？」

企業家聽了，一邊擺出他的招牌笑容，一邊反問記者說：「我爲什麼要不開心呢？」接著，企業家講了他兒時一件令他印象深刻的事情。

「我小的時候，興趣非常廣泛，也很好強，不管是畫畫、彈琴、游泳、打

球我樣樣都喜歡，而且還要求自己樣樣都要拿到第一。這當然是不可能的，因爲我花太多心思投入在這些課外活動裡，所以我的學業成績一落千丈，對自己也越來越沒有信心，每天都繃著一張臉，悶悶不樂。」

「我父親知道我的情況以後，找來一個小漏斗和一瓢黃豆，放在桌子上。他說：『我做個實驗給你看。』接著，他便撿起一顆豆子丟到漏斗裡，然後要我到漏斗底下接著，他一連丟了十幾次，我的手中也就有了十幾粒黃豆。接著，他一口氣抓起滿滿一把黃豆放到漏斗裡面，黃豆塞滿了漏斗，互相推擠著，竟然一顆也沒有掉下來。」

「這個時候，父親對我說：『我們人就像這個漏斗一樣，假如你每天都能做好一件事，那麼你每天都可以享受到一粒豆子的收穫和快樂。但倘若你想把所有的事情都擠在一起來做，反而連一顆豆子都得不到。』」

「從那時開始，不管我想做的事情有多少，我都會提醒自己『每天只要做好一件事就好』。我從來不會把事情擠在一起做，只要保有這種心態，工作的壓力自然就不會壓得我喘不過氣，所以我當然時時刻刻都能保有如此愉快的心情。」

欲速則不達，想要把所有事情一口氣都做好，只會把所有事情全都搞砸。當事情越多的時候，我們越要想辦法減輕自己的負擔。

不要因爲一時賭氣，急著把每一件事都做好，而要把事情一件一件地完成，並在每個階段完成以後，提醒自己品嚐那些小小的成就，如此一來，便不容易陷入慌亂的膠著狀態中。

相反地，就算手邊的事情再多，我們也照樣能愉快地、規律地、一拍接一拍有節奏地忙碌著。如此，生活對我們來說不會再是一頁雜亂的黑點，而會變成一曲熱鬧精采的樂章。

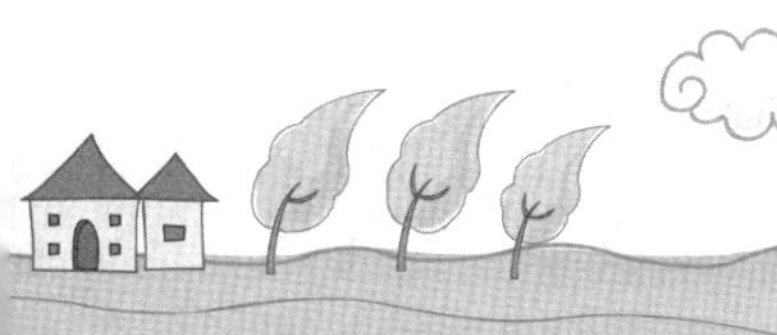

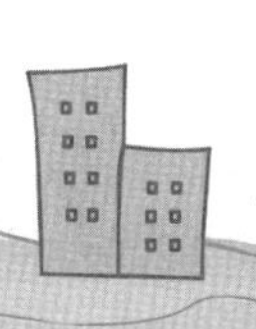

在有限的生命活出無限的意義

只要我們能夠在最短的時間裡完成最多的事情，也就等於是在有限的生命中活出了無限的意義。

安格斯讀小學的時候，外祖母過世了。

他們祖孫倆的感情一向非常要好，安格斯感到非常傷心。好長的一段時間無論做什麼事都提不起勁，只是一直哀傷地懷念著外祖母在身邊的日子。

安格斯的父親見狀，決定和兒子好好地談一談，他很誠實地告訴兒子：「外祖母永遠不會回來了。」

「什麼是永遠不會回來呢？」安格斯不明白。

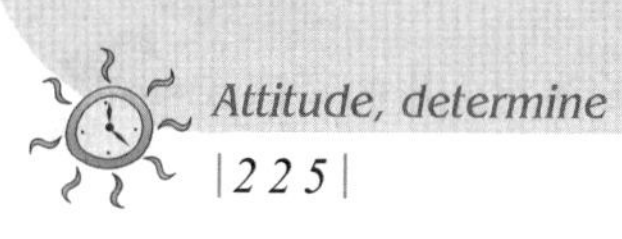

父親說：「所有時間裡的事物，都永遠不會回來。你的昨天過去之後，它就永遠變成昨天，誰都不可能再回到昨天。爸爸也曾經跟你一樣年幼，但是我現在再也不能回到像你這樣的童年了。有一天你會長大，你會像外祖母一樣老；等到你度過了屬於你的時間，就永遠不能回來了。」

父親的話令安格斯體會到時間的珍貴。他看著窗外的夕陽一寸一寸地沉到地平線以下，感到無比的著急和悲傷，雖然明天還會有新的太陽升起，但是永遠不會再投射出今天的陽光了。

爲了珍惜今天的陽光，每天放學回家時，安格斯總是對自己說：「我要比太陽更快地回家。」他一路狂奔回去，當他到達家門口時，看到太陽還露著半邊臉，總感到高興不已，覺得自己跑贏了太陽。

從此以後，安格斯養成了和時間賽跑的習慣，他想要跑得比太陽還快，他想要跑得比秋天還快，學校規定用一個暑假的時間來完成的作業，他只花了十天就做完了。一般人六年才能讀完的課業，他只用了五年就讀完了。

安格斯知道，雖然人永遠跑不贏時間，但是人可以比自己原有的時間快一

步，甚至可以快上好幾步。那幾步雖然很小很小，但是用途卻很大很大。

唐伯虎曾說：「人生七十古來稀，我年七十為奇，前十年幼小，後十年衰老，中間只有五十歲，一半又在夜裡過去了，算來只有二十五年的歲月，當中要吃飯拉屎，還有多少的挫折、多少的憂傷、多少的煩惱！」

人生其實沒有我們想像的那麼漫長，每當一天過去，就又減少了一天的生命。若是沒有好好度過一天，可說是浪費了一天。

不要等到時間過去了才後悔，我們應該要把握每一分鐘的時間，這不僅是增加工作的效率，同時也是在延長自己的壽命。只要我們能夠在最短的時間裡完成最多的事情，也就等於是在有限的生命中活出了無限的意義。

善用小空檔實現大夢想

在每一段完整的時間之間，仍存在著許多零碎的時間。只要妥善運用這些時間，積少成多，就會收到意想不到的效果。

卡爾剛開始學彈鋼琴的時候，他的鋼琴老師問他：「你每天都花多少時間練習彈鋼琴呢？」

卡爾說：「大約每天兩個小時。」

「你是說，你每天都固定撥出兩個小時的時間來練習鋼琴，從來沒有間斷過嗎？」老師問。

「是啊，我想這樣才能達到最好的學習效果。」卡爾對自己用功學習的態

度感到非常驕傲。

然而，他的鋼琴老師卻搖搖頭說：「不，我想你這樣的學習方式是不對的，隨著你年紀增長，每天要做的事情會越來越多，到時候別說是兩個小時了，你可能連半個鐘頭的時間都撥不出來，所以我希望你可以養成習慣，只要一有空閒，就幾分鐘幾分鐘地練習。」

「比如，在你上學前的空檔，或是在你吃完晚飯以後，甚至是在你讀書或工作的休息時間，五分鐘十分鐘地去練習。等到你習慣把這些零碎的練習時間分散在一天裡面，那麼彈鋼琴就會成爲你日常生活的一部分了。」

當時才十歲的卡爾並不明白這樣的練習方式有什麼妙處，不過卻對他往後的人生有很大的幫助。

卡爾上了高中以後，開始喜歡寫作這件事，但是由於課業繁忙，始終撥不出時間來創作，整整兩年過去了，他連一個字都沒有寫出來。這個時候，他想起了當年鋼琴老師教過他的方法。

卡爾開始利用每個短短的空檔，坐下來寫幾行字，出乎他的意料之外，不到一個星期的時間，他就已經完成了一部短篇小說。

接下來，他依舊以積少成多的方式爭取時間，從事他想做的事。等到他高中畢業的時候，不僅考取了理想的大學，同時也在報紙上發表了他的第一部長篇小說，並且拿到了鋼琴九級的合格證書。

態度，決定人生的高度

杜斯妥也夫斯基在《羅亭》一書中寫道：「我們的生命會飛速逝去，可是，所有偉大的事業都必須靠時間創造。」

不只有卡爾因為善用零碎時間而受益無窮，中國北宋時代的文人歐陽修也是個利用時間的高手，他曾經說過：「余平生所做文章，多在三上，乃馬上、枕上、廁上也。」正是因為他懂得把握這些瑣碎的時間，所以才能夠完成了一篇又一篇傳世的佳作。

很多人都認為要把事情做好，就必須撥出一段完整的時間來做。然而，若

是抱著這樣的想法，你會發現，自己永遠都不會有時間。

事實上，在每一段完整的時間之間，仍存在著許多零碎的時間。只要妥善運用這些時間，積少成多，就會收到意想不到的效果。

不要再說「我沒有時間」，只要是還活著的人一定都有時間，關鍵在於你怎麼利用你所擁有的有限時間，過一個爭氣的人生。

PART 8

用不服輸的精神挑戰不可能

試著去挑戰不可能的任務，才能接觸到嶄新的領域，鍛鍊出更剛強的自己，就算最後沒有得到預期的收穫，也雖敗猶榮。

別被現實擊倒心中的堅持

只要真心喜歡，就要堅持到底，到時候，縱使上天不拉你一把，你也能憑著自己的努力實現夢想。

有個小男孩由於反應慢、智商低，大家都笑稱他爲「木頭」。

在他十二歲那年做了一個夢，夢到他寫的文章得到諾貝爾獎。夢醒之後，他興奮得想要尖叫，可是爲了避免被人嘲笑，最後只把這件事情告訴了媽媽。

他媽媽知道以後，微笑著說：「假如這眞是你的夢，那你就努力去實現它吧！我聽說，當上帝把一個美好的夢想放在某個人心中時，他是眞心想要幫助那個人去完成。」

男孩相信媽媽的話，從此眞的喜歡上了寫作。

他相信，只要他禁得起考驗，上帝就會來幫助他實現夢想。

懷著這份信念，男孩日復一日地寫了三年，但是上帝並沒有來。又三年過去了，上帝還是沒有來，但是希特勒的部隊卻先來了。

身爲猶太人的男孩，被送進了集中營。熬過了無數個生不如死白天與黑夜，經歷了人間的最苦與最痛，男孩僥倖存活了下來。一九六五年，他終於寫出他的第一部小說《無法選擇的命運》；一九七五年，他又繼續寫出他的第二部小說，並且持續不間斷地寫出一系列作品。

就在他不再關心上帝是否會幫助他時，瑞典皇家文學院宣布：將二〇〇二年的諾貝爾文學獎授予匈牙利作家凱爾泰斯伊姆雷。那正是他的名字。

美夢成眞的諾貝爾文學獎得主，在與人分享他的得獎感言時，他說：「我並沒有任何特別的感受！我只知道，當你打定主意，告訴自己：『我就喜歡做這件事，多困難我都不在乎』時，上帝必然也會聽到你的話。」

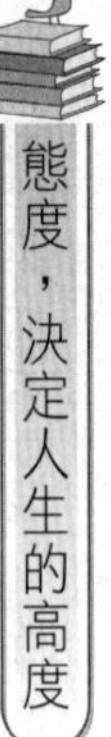

其實，成功並不需要有多大的能耐，只需要你繼續做下去而已。小的時候，有人說，「我要當警察，抓光天下的壞人。」也有人說，「我要當醫生，治好天底下所有的病人。」經過漫長歲月的考驗之後，我們會發現，如果從小堅定自己的志向，並且朝著那方面發展的人，多半都可以完成他們的願望，成爲他們想要成爲的人。

那些沒有實現兒時志願的人，不是他們的運氣比別人差，也不是他們的能力不如別人，而是他們在成長的過程中逐漸忘記了自己的夢想。

他們沒能實現願望，只因爲他們選擇放棄。

能夠堅持到底的人，才是最後的贏家。只要眞心喜歡，就要堅持到底，到時候，縱使上天不拉你一把，你也能憑著自己的努力實現夢想。

擁有意志力，終會得到勝利

只要你堅持「不服輸，不放棄」，還有什麼東西可以將你擊倒？還有什麼事情可以逼你低頭？

萊德非常尊敬自己的母親，在他心中，母親無疑是全世界最了不起的女人。她沒有一技之長，也沒有受過教育，生下兩個孩子之後失去了丈夫，卻毅然決然背負起養育萊德和他哥哥的責任。

當時，萊德的哥哥才五歲大，而萊德還是個不會走路的小娃娃。

到了萊德九歲的時候，他找到了一份工作貼補家用，在街上兜售報紙賺取微薄的利潤，好減輕家裡沉重的經濟壓力。

第一天出去工作時，萊德非常害怕，因爲他要獨自到鬧區去拿報紙，一直賣到天黑，再一個人坐公車回家。

好不容易才熬過了第一天，萊德就對媽媽說，他不要再去賣報紙了。

「爲什麼？」媽媽奇怪地問。

萊德理直氣壯地說：「妳不會希望我去的，媽媽。那兒的人全都髒話連篇，非常沒有水準，妳不會希望我在那種鬼地方跟那些人一起賣報的。」

媽媽聽了，只是平靜地說：「沒錯，我不要你跟那些人一樣，但是人家有沒有水準，是人家的事。你賣你的報紙，可以不必跟他們學。」

萊德無力反駁，只好硬著頭皮繼續去賣報紙，他知道這是媽媽希望他做的事，而且換做是他媽媽，她自己也一定會這麼做！

萊德持續做著這份工作，一直到了冬天的時候，路面積雪，站在寒風中萊德凍得四肢僵硬，看起來隨時都會昏倒的樣子。

有一天，一名富太太經過，看到萊德可憐的模樣，好心地遞給他一張五塊美金的鈔票，對他說：「這足夠付你剩下的那些報紙錢了。快點回家吧，否則你在外面會凍死的。」

但是，萊德並沒有聽從那位女士的話，相反地，他選擇去做媽媽也同樣會做的事。萊德婉謝那位女士的好意，然後繼續忍受著寒冷站在馬路上，把報紙全部賣光以後才回家。早在做這份工作之前，他就知道，冬天挨凍是意料中的事，不是偷懶的理由。

他的母親經常告訴他：「要是牛陷在溝裡，你非得拉牠出來不可。哪怕是颱風，或是下雨，不管你喜不喜歡，甚至你身體不舒服，你都沒有別的選擇，一定要把牛拉上來才可以。」

態度，決定人生的高度

德國哲學家叔本華曾經寫過一段耐人咀嚼的話語：「喜歡抱怨的人，總是帶著有色的眼鏡看人生，把所有的快樂都看成不快樂，就好比美酒一到充滿膽汁的口中也會變苦一樣。」

抱怨無法改變你的處境，只會讓你喪失理性與冷靜。

要怎麼樣才可以讓我們熬過最難過的冬天，無論多麼痛苦也堅持不放棄呢？方法很簡單，每當你感到痛苦、想要放棄的時候，告訴自己：「我沒有退路，我非做不可！」你就自然而然就能夠繼續撐下去。

當你沒有其他籌碼的時候，唯一僅存的資產就唯有「意志力」而已。

只要你堅持「要學好，要做對」，只要你堅持「不服輸，不放棄」，還有什麼東西可以將你擊倒？還有什麼事情可以逼你低頭？

只要你不讓自己有其他的選擇，便能忠於自己最初的選擇。如此一來，擺在你眼前的，就只會有一條路，那條路的終點，叫做「成功」。

勇敢向前，才不會有遺憾

如果想要走出自己的路，必定要忍受旁人異樣的眼光，忍受不被了解的痛苦，才能去到沒有人到達過的境地。

美國少年斯克勞斯受到裁縫師母親的影響，從小就喜歡時裝。

雖然家境貧寒，但是斯克勞斯仍然運用家裡的每一分資源，立志要成為一名出色的時裝設計師。

他經常不顧父親的責備，把母親裁剪後的布角偷來，東拼西湊地做成各式各樣的小尺寸衣服。

漸漸地，小小的衣角已經滿足不了斯克勞斯的創作慾望，有一天，他突發

奇想，把家門口涼棚上撤下來的廢棚布拿來，做成了一件衣服，並且穿著自己做好的新衣服走在街上。

竟然把粗糙的廢棚布穿在身上？這個人簡直瘋了！所有人都覺得斯克勞斯的腦袋有問題，只有斯克勞斯的母親感受到兒子對服裝設計的熱愛，鼓勵兒子去向時裝大師戴維斯請教，希望自己的兒子將來能夠成爲一名像戴維斯一樣成功的時裝設計師。

於是，十八歲的斯克勞斯帶著自己設計的棚布衣，來到了戴維斯的時裝設計公司。當戴維斯旗下所有的設計師看到斯克勞斯設計的衣服時，都忍不住哄堂大笑。這算什麼衣服嘛！粗布做成的衣服怎能算是衣服呢？但是，戴維斯卻看出了斯克勞斯的潛力，將他留了下來。

之後，斯克勞斯在戴維斯的鼓勵下，設計出許多不同款式的衣服，但是這些衣服都有一個共同的特性，就是它們都同樣是運用棚布製成的。

斯克勞斯雖然表現出他獨特的創意，可是卻沒有一個廠商對斯克勞斯的衣服感興趣。整整好幾年，斯克勞斯設計的衣服沒有一件賣得出去，就連戴維斯

都開始對自己的眼光感到懷疑。

後來，斯克勞斯把自己設計的衣服轉往非洲販賣，由於這種粗布衣褲價格低廉又實穿耐磨，立刻引起了當地勞工的喜愛，訂單一筆接著一筆。

斯克勞斯又趁勝追擊，將那些粗布衣服做成適合旅行者穿的款式。人們驚奇地發現，那樣的衣服穿起來不但別有風味，而且不分季節，任何年齡的人都可以穿。一時間，粗布衣風靡了整個時尚圈，那就是以斯克勞斯與戴維斯爲品牌的**EDWIN**牛仔衣。

態度，決定人生的高度

羅伯．弗洛斯特的詩中寫道：「在人生的路途上，有兩條岔路在我面前，我徘徊、深思了許久，最後，終究是選擇了較少人走的那條，於是，一切不同之處，由此開始。」

如果想要走出自己的路，必定要忍受旁人異樣的眼光，忍受不被了解的痛

苦，忍受一路上沒有同伴的寂寞，才能去到沒有人到達過的境地。

你的人生是你自己的，就算有千萬人反對你，也要勇敢前進，沒有人可以替你做決定，也沒有人能夠替你負責，逞一時意氣，只會使自己悔不當初。

如果你認爲某些事情，如果沒有去做就會抱憾終生，就放膽去做吧！先不要去管結果會不會成功，因爲成功只是一時的，但是遺憾卻是一輩子的。

勤奮不懈，凡人也能成就大事業

正所謂「一勤天下無難事」，天底下沒有到不了的地方，只是看你願不願意走而已。

國王想從四個王子中挑選出一位接班人，爲了考驗四個王子當中誰最優秀，國王決定讓他們分別前往一個叫做卡倫的地方，只要誰可以最先帶回一朵卡倫那兒特有的藍色玫瑰花，誰就可以成爲國王的接班人。

只是，卡倫這個地方據說從來沒有人成功的到達過，到卡倫的途中，必須翻過崇山峻嶺，穿過草地、沼澤，還要涉過無數條江河，沒有人能夠正確地說出來卡倫究竟有多遠，究竟要花多少時間才能夠抵達。

儘管如此，四個王子還是勇敢地出發了。

大王子乘車走了十幾天，翻過了三座大山，來到一片一望無際的大草原。他詢問附近的人家，知道要到卡倫還得要先穿過草地，跋涉過沼澤，接著還要穿越大河、雪山……聽完之後他立刻決定打道回府。

二王子乘車穿過了草地，來到了沼澤前面，看見沼澤沒有辦法坐車通過，就決定掉頭回家。三王子把車子留在草原上，成功地涉過沼澤，接著再穿越了兩條大河，一直走到腳磨破了，疼痛難耐，他才決定放棄。

一個月以後，三個王子陸續回到了皇宮，向國王稟報他們沿途的見聞。每個王子都強調，他們沒有到達卡倫，不是因爲他們沒有盡力，而是因爲卡倫實在太遠了，根本不是人的能力所能及。

但是，又過了五天，小王子風塵僕僕地回來了，手上拿著一朵卡倫特產的藍色玫瑰。他興奮地對父親說，卡倫雖然眞的很遠，但是其實也並沒有如同想像中那麼遙不可及。

國王滿意地笑了，決定任命小王子爲王位的繼承人，因爲他的四個兒子當

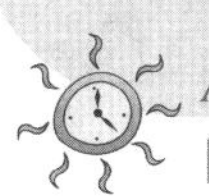

中，只有最小的這個兒子明白：腳始終都比路長。

天底下沒有到不了的地方，只是看你願不願意走而已。

小王子不一定是四個王子當中最英明、最強壯、最有能力的那一個，他之所以能夠脫穎而出，只因爲在別人都放棄的時候，他並沒有放棄。

造成一個人成功的條件未必是高學歷、高知識、高智商，更有可能只是每個人都可以具備的勤奮、勇氣、毅力。

正所謂「一勤天下無難事」，只要你確知自己的目標是什麼，並且爭氣一些，願意咬緊牙關走下去，那麼即使你用的是最笨的方法，也一樣可以完成聰明的事，成就一番大事業。

懂得忍耐才有機會成為表率

每個成功的人，都有一份刻苦的情操。他們之所以能夠忍人所不能忍，是因為他們把痛苦當成生活的一部分，坦然地接受。

古河出生於貧苦人家，從小就靠著幫人做豆腐維生。雖然他不像其他同年齡的孩子可以無憂無慮地讀書玩耍，但是卻一點兒也不埋怨。相反地，不管什麼時候看到他，他的臉上卻總是堆滿了笑容。客戶們喜歡吃他做的豆腐，更喜歡看他笑著做豆腐的模樣。

古河長大以後，改行去幫人收債。這不是一件好做的差事，因爲被追債的人根本不可能給他好臉色看。

但是古河不改他的好脾氣，總是彬彬有禮地對人說話。若是欠債的人不理他，把他一個人晾在門口，古河就一直坐在門口，不吃飯，也不說話，就這麼靜靜地微笑著，從天黑坐到天亮，再從天亮坐到天黑。

欠債的人看見古河又飢又冷，卻仍然滿臉笑意沒有一點生氣的樣子，往往都會被他感動，立刻想辦法籌錢交還給他。

後來，古河買了一個廢棄的銅礦坑，成為日本的礦業大王。

當人們問他有什麼的成功秘訣時，古河說：「我的成功秘訣，無非只是忍耐二字。」

態度，決定人生的高度

成功原本就不是一件容易的事，而且通常越是接近成功的時候，越是困難重重。因此許多人總是在最後關頭放棄，功虧一簣，只有少數人能夠堅持到最後一刻，得到眞正的成功。

每個成功的人，都有一份不抱怨的情操。他們之所以能夠忍人所不能忍，是因爲他們把痛苦當成生活的一部分，坦然地接受。

別人給他難堪，他就設法讓自己不覺得難堪；環境令他痛苦，他就努力在痛苦當中尋找快樂。

正是因爲他們始終保持一顆樂觀的心，相信自己的等待會有結果，相信自己的忍耐會有回報，所以他們總是能夠忍受最大的痛苦，不抱怨環境，也不因爲一時賭氣，做出令自己後悔的事，因此才能獲得最大的成功。

目光精確，才能緊抓機會

人的世界並不像自然界那般四季分明。我們怎麼知道寒流過了還會不會再有另一波更冷的寒流？

傑森九歲那年的冬天，爸爸帶他到爺爺家一起過聖誕節。爺爺家門口有一排無花果樹，其中有一棵樹的樹皮已經剝落，枝幹也不再呈現暗青色，而是已經完全枯黃。

傑森像發現新大陸似的，著急地對爺爺說：「爺爺，那棵樹已經死了！我們趕緊把它砍了吧！另外再種一棵。」

可是，爺爺卻不這麼認爲，回答說：「也許它現在看起來的確是不行了，

可是說不定它是正在養精蓄銳呢！等到冬天過去以後，或許它還會萌芽抽枝。孩子，你要記住，不要在冬天的時候砍樹。」

爺爺說得沒錯，第二年春天，這棵在冬天明明已經枯槁了的無花果樹，居然眞的重新萌生新芽，和其他的樹木一樣感受到了春天的氣息，除了幾根壞死的枝芽以外，其餘的部分仍然充滿了生命力。

到了夏天，整棵樹看上去和其他健康的樹根本沒有分別，它們都是一樣地枝繁葉茂，綠蔭宜人。

態度，決定人生的高度

當情況最壞的時候，不要就此放棄，因爲說不定事情還會有轉機。

對樹而言，影響它們生長的最大因素是天氣；對人而言，決定他們成功與否的因素則是景氣。

景氣越壞的時候，越要撐下去。只要你撐得過去，等到景氣復甦的時候，

說不定還可以有一番作爲，要是在那個時候放棄了，便永遠不會知道自己錯過了什麼大好機會。

然而，對人而言最困難的不是熬過低潮，而是人的世界並不像自然界那般四季分明。在自然界裡，我們可以清楚地知道冬天來了，春天也不遠了。但是在社會上，我們怎麼知道幽深的山谷之下還會不會有更深的谷底，寒流過了還會不會再有另一波更冷的寒流？

能夠讓我們依靠的準則或許不是「不要在冬天的時候砍樹」，而是當冬天過去之後，樹卻沒有絲毫生長的跡象時，就趕快很下心來把它砍掉吧！

不逃避，才更有勇氣

只要是我們應該做的事，我們就不應該找藉口逃避，應該更加爭氣，全力以赴地去做。

有一個小小的漁村，這裡的居民世世代代都以捕魚維生。

幾百年以來，漁民們每天都出海打魚，也像幾百年來一樣，不是所有的人都可以平安返航，特別是在風暴怒吼、波濤翻滾的秋天。

然而，不管人們聽到了多少次自己的親人、夥伴的死訊，他們都仍然硬著頭皮，繼續爲父兄們遺留下來的這份危險而繁重的事業奮鬥。

他們知道，想要居住在這塊土地上，不向海洋挑戰是不行的。

海岸邊，迎海矗立著一塊巨大的花崗岩。打從很久很久以前，漁民們就在石頭上刻下了這樣一段題詞：紀念在海上已死和將死的人們，令外人看了感到既傷心又無奈。

然而，這裡的漁民們卻一點都不感到悲傷，他們認爲這是一句很勇敢的題詞。它說明了，就算明知道會死，人們也永遠不會屈服，不管在多麼艱難的情況下，他們都要繼續自己的海洋事業。

這段話不只是獻給那些願意爲事業犧牲的人們，更是爲了要紀念那些曾經征服和將要征服海洋的人們。

態度，決定人生的高度

人生最大的恥辱不是恐懼死亡，而是恐懼生命中所遭遇到的挑戰。

安全平穩的道路，每個人都會走，但是想要走出一條與眾不同的路，勢必要經歷一些危險、一些恐懼、一些未知的體驗。

只要不怕失敗和挫折，就可以拓展自己的潛能，超越從前的自己。過去沒有人做到的事情，你未必做不到，只要你跨越了恐懼那道關卡，你會發現自己什麼事情都做得到。

我們可以因爲某件事情「不值得做」而不去做，但是我們不可以因爲「害怕」而不去做。只要是我們應該做的事，我們就不應該找藉口逃避，應該更加爭氣，全力以赴地去做。

不管遇到任何難關，我們都要告訴自己：「環境沒有問題，問題都發自我們的內心。」如此一來，我們才能克服環境，登上人生更高峰。

用不服輸的精神挑戰不可能

試著去挑戰不可能的任務，才能接觸到嶄新的領域，鍛鍊出更剛強的自己，就算最後沒有得到預期的收穫，也雖敗猶榮。

從小患有小兒痲痺症的她，總是覺得自己和別人不一樣。因爲行動不便，令她感到非常憂鬱和自卑，就連醫生建議她做的復健運動，她也刻意充耳不聞。

爲了逃避別人異樣的眼光，她刻意遠離人群。她唯一的朋友，是隔壁一位和她同病相憐，只有一隻胳膊的老人。

老人是在一場戰爭中失去一隻胳膊的，但是他非常樂觀，總是喜歡用幽默

的語調講故事給她聽。

一天，她被老人用輪椅推著去附近的公園散步，公園裡有一群孩子在唱歌，每個人看起來都十分認真投入的樣子。

當一首歌唱完，老人提議說：「我們替他們拍拍手吧！」

她吃驚地看著老人，不禁納悶地問道：「我的手臂動也不能動，而你只有一隻手，怎麼鼓掌啊？」

老人笑了笑，舉起他僅存的一隻手，用力拍起了自己的胸膛。

她突然覺得老人這個舉動同時也擊中了她的心。

老人對她說：「看吧，只要努力，一個巴掌一樣可以拍得響。只要妳肯努力，總有一天一定可以站起來！」

那天回到家裡，她主動要求父親帶她回醫院開始做復健。無論復健的過程多麼艱難和痛苦，她都咬牙堅持著。只要身體的狀況有一點進步，她就會花更多的時間來尋求更大的進步。

復健過程帶來的每一分痛苦，都深入筋、刺進骨，但是她仍然不放棄，不斷在心裡告訴自己，一個巴掌一樣可以拍得響，她要像其他孩子一樣行走、奔跑。她一定要康復！

到了她十一歲時，她終於可以扔掉支架，像個正常人一樣自由地行走。但是她仍不滿足，繼續挑戰籃球和其他田徑運動。

一九六〇年，羅馬奧運女子一百公尺賽跑決賽，當她以十一秒一八的成績登上冠軍寶座時，全場觀眾都動容地站起來，齊聲歡呼這個美國黑人女孩的名字：威爾瑪．魯道夫。

態度，決定人生的高度

威爾瑪．魯道夫從一個行動不便的孩子，蛻變成爲世界上跑得最快的女人。在她的運動生涯中，一共摘取了三面金牌，也是史上第一個黑人奧運女子百米賽跑冠軍。

覺得自己能做到和不能做到，其實只在一念之間。

每個偉大壯舉的完成，剛開始總是令人覺得不可能。但是只要肯去嘗試，就會多一些可能。

生活從來不是簡單的。如果你只肯揀容易做的事情來做，那麼你的生命只會逐漸萎縮。要試著去挑戰不可能的任務，才能接觸到嶄新的領域，鍛鍊出更剛強的自己，就算最後沒有得到預期的收穫，也雖敗猶榮。

不要因爲覺得自己做不到，就灰心不去做你應該做的事，事情的結果不能光憑感覺來判斷，非得要眞的去做了，你才會眞的得到結果！

別讓環境影響你的心境

真正能夠影響一個人的，其實並不是他身處的環境有多麼惡劣，而是他把環境想得多麼惡劣。

第二次世界大戰結束以後，德國被戰火燒成了一片大廢墟。

美國社會學家特地帶著幾名研究人員來到這裡查看，探望了許多戶住在地下室的德國居民，想要了解他們的生活狀況。

查看之後，社會學家問其中一名研究人員說：「你認爲像這樣的民族還有機會振興起來嗎？」

「嗯……這個嘛，很難說呢。」研究人員回答。

「但是，依我看，他們肯定能再站起來！」社會學家的口氣異常堅決，引起了衆人的好奇。

「您爲什麼這麼肯定他們一定會再興盛起來呢？」研究人員不解地問。

社會學家說：「剛才我們拜訪了這麼多戶人家，你們有沒有注意到他們的桌上都放了什麼呢？」

研究人員想也不用想，就立刻回答道：「一瓶鮮花。」

「那就對了！這個民族在如此困苦的環境中都還沒有忘記愛美，那就說明了他們一定能夠在廢墟上重建家園！」

態度，決定人生的高度

如果連在最惡劣的環境中都沒有忘記美好的事物，那麼就一定能夠努力爭氣、戰勝環境，並且改變環境。

眞正能夠影響一個人的，其實並不是他身處的環境有多麼惡劣，而是他把

環境想得多麼惡劣。

如同愛默生所說：「怎麼樣的思想，就會有怎麼樣的生活。」

負面的想法能令城堡變鬼屋，但是一盆鮮花就可以使陋室變天堂。

不要動輒抱怨，無論在什麼樣的情況下，我們都不應該忘記生活中美好的部分，因爲對美的渴望能夠驅使我們用心面對生活。只要我們願意用心經營生活，則生活無處不美，處處都値得我們珍惜。

PART 9

看重自己，別人才會看重你

不讓他人踐踏自己，懂得尊重自己，同時也維持對自己專才的尊重，如此一來才能贏得他人的敬重。

盡力，能讓成果不可思議

當你竭盡全力地做事，就能夠做到自己平時做不到的事；當你竭盡全力地生活，便能享受到別人無法擁有的充實人生。

戴爾．泰勒是美國西雅圖一所著名教堂的牧師。

為了激勵教會裡的孩子養成唸聖經的好習慣，泰勒牧師對他們說，要是誰能背出《馬太福音》中第五章到第七章的全部內容，他就請他們去吃冰淇淋！冰淇淋對孩子而言具有多大的吸引力哪！只是，聖經《馬太福音》第五章到第七章並不容易背誦，不僅經文長達數萬字，而且字句艱澀不押韻，別說是孩子了，就連要求大人把它通篇背起來也不是一件容易的事。

教會裡所有的孩子，全都嘗試了幾次以後就宣告放棄，只有一個十一歲的學生，有一天胸有成竹地坐在泰勒牧師面前，把經文從頭到尾一字不漏地背誦出來，而且沒出一點差錯。

與其說他在背誦，不如說他是在朗誦，因爲他唸經文的語調抑揚頓挫，聲音流暢自然。泰勒牧師簡直不敢相信自己的耳朵，就算是虔誠的教徒也很少有人能夠朗誦全文，更何況他只是一個對經文一知半解的孩子。

牧師忍不住好奇地問他：「你是用什麼方式背下這麼長的文字的呢？」

這個孩子不假思索地回答：「我所用的方式，就是竭盡全力。」

牧師聽了，點了點頭，當下論斷這個孩子日後一定大有成就。果不其然，十六年後這個孩子憑著電腦天才成功創業，成爲一家知名軟體公司的老闆，他的名字叫做比爾·蓋茲。

如果某件事情對你來說非常困難，困難到無法用簡單的方法去解決它，那麼你唯一能做的，就是竭盡全力去做！

成敗應該隨緣，但是生活必須盡力，才能爲自己爭氣。不努力而失敗，你很難對自己交代；盡了力卻失敗，你可以把結果看淡。

成功沒有什麼訣竅，無非只是「盡力」而已。盡力是一種態度，也是一種美德。一個人只要盡了自己最大的努力，就算今天不成功，明天也會有所成就；就算在自己身上不成功，在別人身上也會成功。

當你竭盡全力地做事，就能夠做到自己平時做不到的事；當你竭盡全力地生活，便能享受到別人無法擁有的充實人生。

看重自己，別人才會看重你

不讓他人踐踏自己，懂得尊重自己，同時也維持對自己專才的尊重，如此一來才能贏得他人的敬重。

一名憧憬成爲音樂家的挪威青年，花盡身上的每一分錢來到法國，想要報考法國最有名的巴黎音樂學院。

然而，入學考試的競爭非常激烈，這名外地來的年輕人並沒有被選上。挪威青年美夢落空，爲了湊足買機票回家的錢，他只好來到音樂學院旁邊的一條繁華的街道上，厚著臉皮當起街頭藝人。年輕人拿著小提琴當街開起演奏會，吸引了無數路人駐足聆聽。

一曲終了，挪威青年捧起自己的琴盒，圍觀的人們紛紛把零錢放入琴盒中。其中，有位先生鄙夷地把銅板扔在青年的腳下。

青年看了看那位先生，並沒有生氣，反而彎下腰拾起地上的錢，遞給那位先生說：「先生，您的錢掉在地上了。」

那位先生接過銅板後，再一次以更鄙夷更不屑的態度把銅板重新扔回青年的腳下，並且傲慢地說：「這個錢是我給你的，你應該收下！」

青年還是沒有生氣，相反地，他非常禮貌的對那名先生鞠了個躬，然後說：「謝謝您的資助，先生。剛才您掉了錢，我彎腰為您拾起。現在，我的錢掉在地上了，也麻煩您為我撿起好嗎？」

話才剛說完，周圍的群眾立刻鼓掌表示支持。在那些群眾當中正巧有一位是巴黎音樂學院的教授，在入學考試中聽過這個挪威青年的演奏，當時並沒有特別欣賞他，但是現在，卻認為他比任何人都還有資格當一名音樂家，因此他把青年帶回學校裡，破例錄取了他。

這位不卑不亢的青年學成歸國以後，成為挪威有名的小提琴家，他的成名曲是〈挺起你的胸膛〉。

令這名挪威青年脫穎而出的，並不是他的好脾氣，也不是他的機智反應，而是他具備了一個音樂家該有的氣節。

「識時務者爲俊傑」的精神大家都知道，「退一步海闊天空」的精神也不能忘記實踐，但是，我們從這名挪威青年身上看到的，卻是一種「不強碰也不退讓」的處世智慧。

他知道，不需要爲了別人犯下的錯誤而生氣，他也知道，不管在任何情況下，他都必須堅守一個音樂家的原則——只接受別人的資助，不接受別人的施捨。他不自怨自艾，也不會爲了一時賭氣，忘了自己是誰。

縱使爲貧窮所苦、爲失意所困，仍然要保有自己的人格尊嚴。挪威青年表現出來的，不僅是對自己的尊重，同時也是對音樂的尊重。

做爲一名學有專才的專業人士，我們除了知道自己「應該」做什麼之外，更必須要知道自己「不應該」做些什麼才是。

不讓他人踐踏自己，懂得尊重自己，同時也維持對自己專才的尊重，如此一來才能贏得他人的敬重。

拖延不行動，不可能成功

每個偉大的工程都是由一磚一瓦開始，不要因為自己的力量小而不敢踏出第一步。一旦踏出第一步，便擁有無限契機。

第二次世界大戰結束後，世界上又多了數以百萬計的孤兒。一個年輕的奧地利大學生非常同情在戰爭中失去父母的孤兒，雖然他的力量有限，但是實在很想爲那些可憐的孩子做些什麼。

他想，此時這些孤兒們最需要的，應該是一個家。如果想要成立一個家，就要先有房子，要有房子就要先有土地。那麼，要怎麼取得免費的土地呢？

奧地利大學生以土法煉鋼的方式，徒步走過一個個村莊，希望能夠找到一

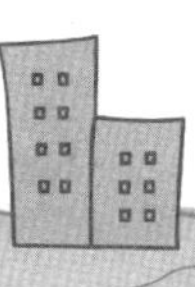

塊荒廢的、免費的土地，爲孤兒們建造一個家。

終於，當他走過無數個村落以後，總算有位善心人士願意送他一塊位於奧地利蒂羅爾州某個小鎭上的荒蕪空地。大學生於是又立刻馬不停蹄地去尋找願意捐贈建材的慈善家，以及願意幫忙蓋房子的建築工人。

在他鍥而不捨的努力之下，世界上第一個SOS兒童村於一九四九年在奧地利的一座小鎭成立，數十名孤兒在失去至親以後，總算再一次擁有了「家」。

今天，有四百多個SOS國際兒童村及附屬機構，分布在一百三十多個國家和地區，代替上帝照料那些無家可歸的兒童，曾經受過SOS組織幫助的人超過三十萬人。很少人知道，這個龐大組織的發起人竟是一個手上沒有任何資源，只有一顆熱忱丹心的大學生。

你是否經常覺得自己胸懷壯志但是缺乏籌碼？你是否有很多很多想做的

事，但是卻礙於現實環境而遲遲沒有去實行？

大多數人都知道實踐一番大事業需要各種條件的配合，卻很少人會實際地動手去尋找這些條件。

我們老是說「等到我有錢以後，我要做某件事」，但是眞正能開創一番大事的人卻往往是「我想做某件事，所以我需要錢、需要資源」。用種種藉口讓理想實行的腳步一延再延，只是等著「失敗」送到我們的面前。

如果一個人眞正想完成一件事，就不會在乎自己究竟有沒有做這件事的能力，相反地，他會想辦法培養自己的能力，好讓事情能夠順利完成。

每個偉大的工程都是由一磚一瓦開始，不要因爲自己的力量小而不敢踏出第一步。拖延著不去做，你什麼都沒有，但是一旦爭氣一些，主動踏出第一步，便擁有無限契機與遠景。

為自己奮鬥，別讓外力左右

賴斯的處世態度中沒有仇恨，她之所以比一般人更努力上進，是真的為自己想做的事情奮鬥。

一名黑人母親帶女兒到百貨公司買衣服。

正當女兒準備要試穿衣服時，白人店員擋在試衣間門口，傲慢地對小女孩說：「這間試衣間是白人專用的，黑人如果要試穿的話，就到儲藏室去試。」

但是，這個母親可不吃這一套，只見她冷冷地對店員說：「如果我女兒今天不能進這間試衣間試衣服，那麼我就到別家店去買！」

爲了留住客人，女店員只好讓步，讓黑人小女孩進去那間試衣間，只是，

在小女孩試穿衣服的過程中，那名女店員始終守在門口，深怕被其他白人顧客看見。那樣的畫面，令小女孩終生難忘。

類似的事件層出不窮，又有一回，小女孩在一家店裡因爲伸手碰觸了帽子而遭到白人店員斥責。

小女孩的母親可不讓女兒平白無故被罵，她立刻挺身而出，以極其尊貴的語氣對店員說：「請不要這樣對我女兒說話。」接著，她轉頭告訴女兒：「妳喜歡哪一頂帽子，就去摸摸那一頂帽子吧。」

小女孩聽從母親的話，把自己喜歡的帽子都摸了摸，而剛才訓斥她的那名女店員無話可說，只能任由小女孩做她有權利做的事。

面對這些歧視和不公，小女孩的母親經常告誡她說：「妳的膚色和妳的家庭是妳不可分割的一部分，這無法改變，也並不是妳的錯。如果想要改變自己低下的社會地位，就要做得比別人好、比別人好很多，妳才會有機會。」

小女孩把母親的話牢牢記在心裡，她相信教育不但可以讓她獲得知識，還可以幫助她捍衛自尊並且改變別人的眼光。她從母親身上學到了不管發生任何

事，都要以不卑不亢的態度去面對。

就是這樣不卑不亢的心態，讓這名出生在阿拉巴馬伯明罕種族隔離區的黑人丫頭，登上《福布斯》雜誌「二〇〇四年全世界最有權勢女人」寶座——她就是美國前國務卿賴斯。

回顧她的成長之路，賴斯說：「我記得我的母親總是告訴我，康蒂，妳的人生目標並不是立志要從『白人專用』的店裡買到漢堡，而是妳要立志為妳想做的事情奮鬥，那麼妳就有可能做成任何大事。」

雖然我們生長的地方沒有類似黑人白人那般強烈的種族劃分，但是我們仍然會遭遇到許多不公平的待遇。很多人在受到歧視以後，會化悲憤為力量，立志闖出一番名堂，給那些瞧不起自己的人看。

但是賴斯的母親並沒有這麼教她，她只是告訴她要接受命運，坦然面對自己所遭受到的不公，並且努力去證明自己給自己看。賴斯母親所教導她的，不是「去討厭那些討厭妳的人」，也不是「讓原本討厭妳的人對妳刮目相看」，而是「為自己爭取機會，表現給自己看」。

也因此，賴斯的心中沒有悲憤、沒有怨懟，她的處世態度中沒有仇恨，她之所以比一般人更努力上進，是眞的為自己想做的事情奮鬥。

也正因為她秉持著這種意念，才能讓她眞正不為他人的看法眼光所苦，而為自己的志向奮發努力。

用積極的佈局改變壞遭遇

大家都知道「命運掌握在自己手中」。越是拿到爛牌的時候，我們越應該用這句話來激勵自己。

艾森豪是美國第三十四任總統，年輕時經常和家人一起玩紙牌遊戲。一天晚飯過後，艾森豪像往常一樣和家人一塊兒玩牌。然而，這一天他的運氣似乎特別不好，一連拿了好幾次爛牌。剛開始艾森豪只是不斷地抱怨，但隨著自己手上的籌碼越來越少，便開始發起了少爺脾氣。

一旁的母親看不下去了，忍不住告誡他說：「既然要玩牌，那麼不管你手上的牌是好是壞，你都必須努力把牌打出去才是。玩牌就是這樣，有時候會拿

到好牌，有時候會拿到爛牌，你不可能期望好運氣總是讓你碰上！」

只是年輕氣盛的艾森豪根本聽不進母親的話，仍然臭著一張臉。

母親於是又苦口婆心地說：「人生就和玩牌一樣，發牌的是上帝，你沒有選擇的權利。如果你拿到了一手壞牌，那麼你能做的，就是儘量讓浮躁的心情平靜下來，善用手上的每一張牌，盡力爭取最好的效果，這才是玩牌的精神，也才是我們面對人生應該有的態度啊！」

母親的這番話令艾森豪感到很慚愧，他從此一直牢記母親的話，不管遇到什麼樣的情況，都認眞運用自己現有的籌碼，努力做到最好。他就是憑著這樣的精神，慢慢地從一個無名小卒升爲中校，再晉升爲盟軍統帥，最後登上了美國總統的地位。

態度，決定人生的高度

大家都知道「命運掌握在自己手中」，然而，光是知道沒有用，要相信才

會有力量。越是拿到爛牌的時候，我們越應該用這句話來激勵自己。

相信自己能夠扭轉頹勢，相信自己能夠發揮最大的智慧，相信自己能夠轉危爲安，相信自己可以創造奇蹟。唯有抱持著這樣的信念，才能讓我們鼓起勇氣接受現實，認眞地處理眼前的這一灘爛泥。

從玩牌這個小遊戲中，我們可以學到：無論狀況有多壞，都不能放棄希望；就算明知道輸定了，也要儘量把自己的損失控制到最少，不可一味抱怨，輕易放棄。如果因爲拿到爛牌就放棄，那麼我們註定一事無成；相反地，只要我們咬緊牙關繼續撐下去，說不定下一次，我們分到的不只是一手好牌，而且還會是難得一見的天牌！

用輕鬆的心理化解棘手的問題

用看待小事的心態處理大事，把苦事當成趣事來聯想，久而久之，便可以輕輕鬆鬆地做到了別人做不到的事。

你經常覺得自己心有餘而力不足嗎？

你做事經常做到一半就放棄嗎？

你知道是什麼樣的原因導致你半途而廢嗎？

心理學家曾經做過一個實驗，找來三組人，用三種不同方式讓他們分別步行到十公里以外的一座村子。

第一組人不知道目的地在哪裡，也不知道路程有多遠，只是被動地跟著嚮

導走。才剛走了兩三公里，就有人在喊累，走了一半時，很多人都瀕臨發怒邊緣，甚至有人坐在路邊不肯繼續走了。整個路途中，不時有人詢問究竟還要走多久；他們走得越久，情緒越低落。

第二組人知道目的地的位置，也知道路程大約有多遠，但是一路上沒有里程碑，只能憑經驗估算行程時間和距離。

差不多走到一半時，就有人露出了疲憊的神態。大多數的人都想知道自己已經走了多遠，還剩下多少路程要走。等到他們走到全程的四分之三時，大夥兒全都叫苦連天，一點兒都不想再走下去。直到有人鼓勵大家說：「快到了！快到了！」大家才勉強打起精神振作起來。

至於第三組人，不但知道村莊的名字、路程，而且沿途中每一公里就有一塊里程碑，告知他們已經走到了哪裡。

這一行人每經過一塊里程碑，就得到一點成就感，一路上的心情都很輕鬆愉快，談笑風生，盡情享受路途中的美麗風景，不知不覺就到達了目的地。

每個人的耐力和體力都有限，太長遠的目標或是連續的疲勞轟炸都會令人感到心力交瘁，完全提不起勁。

因此，面對堆積如山的課業或工作時，我們應該把它切割成一段一段小小的計劃，把每個計劃設定在自己能夠勝任的範圍內，以最沒有壓力的心態去做，這麼一來不僅能夠做得好，同時也可以撐得久。

人之所以會感受到沉重的壓力，往往都是因爲執行的過程中缺少樂趣。因此，越是覺得辛苦的時候，我們越應該努力替自己找樂子。

用看待小事的心態處理大事，把苦事當成趣事來聯想，久而久之，便越來越爭氣，輕輕鬆鬆地做到了別人做不到的事。

用演主角的態度演好配角

能身居要角固然值得羨慕，若只能屈居配角，也不必灰心。只要盡力將自己的角色扮演好，一樣可以贏得別人讚賞。

一天傍晚，安妮一臉垂頭喪氣地回到家裡。

她的社團打算在校慶當天表演一齣話劇，齣話劇裡頭只要有四個主角：父親、母親、女兒和兒子。安妮也在話劇裡頭擔任一角，只不過她分配到的角色是這個家裡養的一隻狗。

令安妮的哥哥感到吃驚的是，安妮並沒有因此而放棄演出，相反地，每次排練她總是準時出席，爲了演好一隻狗，她還甚至買了一副護膝，以便在舞台

上學狗爬的時候不會磨傷膝蓋。

到了正式演出那一天，安妮的哥哥前去觀賞妹妹的表演。他在節目表上找到了妹妹的名字，「安妮，飾演寵物狗小黃」，排列在演員名單的最下方。

安妮的哥哥忍不住拿起節目表遮住自己的臉，畢竟有個扮演狗的妹妹不是一件光彩的事，誰忍心看見自己的親人跪在舞台上學狗爬呢？

表演正式開始，飾演父親、母親、女兒和兒子一家人的演員和樂融融地圍坐在舞台中央聊天，接著，穿著一套全身黃色的、毛茸茸的道具服的安妮，手腳並用地爬進場。

安妮的哥哥驚訝地發現，安妮飾演的那隻狗並不是單調地爬行，而是一路蹦蹦跳跳、搖頭擺尾地跑進客廳。

她先在地毯上伸個懶腰，滾了一圈，然後才在壁爐前安頓下來，開始表現得昏昏欲睡，許多觀眾都不禁被這隻飾演得維妙維肖的狗給逗笑了。

當劇中的父親講到「家裡可能有老鼠……」這句台詞時，原本睡得正甜的小狗突然從夢中驚醒，機警地四下張望，表情就像一隻真的狗一樣。

沒多久，飾演兒子的演員講到：「你們仔細聽，屋頂好像有聲音……」，這時壁爐前的狗又忽然一躍而起，仰視屋頂，喉嚨裡發出嗚嗚的低吼。

此時，觀衆已經不再注意台上主角的對白，幾百雙眼睛全盯著安妮，想看看她究竟還設計了哪些匠心獨具的小動作。

安妮也沒有令台下的觀衆失望，整場演出下來，她雖然沒有一句對白，卻成了舞台上的靈魂人物，喔不，應該說是靈魂「動物」才對。

爲什麼安妮可以由原本垂頭喪氣的態度變得如此積極投入呢？

原來是因爲當她回家抱怨同學們要她演狗的時候，她爸爸這麼對她說：「如果妳用演主角的態度去扮演一隻狗，那麼一隻狗也能成爲主角！」

安妮用行動印證了爸爸的話。

紅花有紅花的美艷，綠葉也有綠葉的專業。

在人生的舞台上，我們未必都有機會站到最受矚目最亮眼的位置，但是這並不代表我們不可以有最受矚目最亮眼的表現。

能夠身居要角固然值得羨慕，但若只能屈居配角，也不必灰心。只要盡力將自己的角色扮演好，一樣可以贏得別人的讚賞。

反過來說，如果因爲扮演的角色只是個小配角，而賭氣不演或者演不好，又有什麼資格挑大樑呢？

一個能夠做大事的人，必定也能把小事做好。因爲他知道，在舞台上他可能是配角也可能是主角，但是在自己的人生舞台上，他絕對是唯一的主角！所以他知道，除非他用演主角的態度認眞對待每一件事，否則他的人生便註定會是一場人人鄙夷的爛戲！

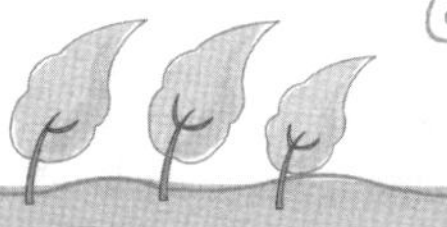

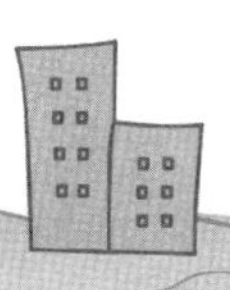

別在不擅長的領域勉強自己努力

清楚明白自己「做不好什麼」並沒有什麼不好。正因為早知此路不通，所以我們可以更積極地去開發另外一條新路。

一天下午，小傑放學回到家裡時，意外地發現，他的媽媽居然在哭！打從他有記憶以來，他的媽媽一向堅強無比，這還是他第一次看見她流淚。

「發生什麼事了？」小傑緊張地問。

媽媽用手帕擦了擦眼淚，故作平靜地說：「沒什麼，我只是快要被公司炒魷魚了，我打字的速度實在跟不上其他同事。」

「可是妳不是才去上班三天嗎？跟不上是很正常的啊，放心，只要妳努力

練習，一定會成功的！」小傑不知不覺模仿起媽媽的口氣，每次他考試考不好，或是遇到挫折時，他的媽媽總是這麼鼓勵他。

只是，這些話似乎沒有辦法止住媽媽的眼淚，她依舊傷心地說：「可是我沒有時間了，因爲我的關係，和我同部門的人不得不做兩倍的工作，而我卻連自己份內的工作都做不好……」

「那一定是他們對妳的要求太高了！」小傑急著替媽媽出氣，「妳是新人耶，當然不可能像那些資深員工一樣熟悉工作流程！」

「不，不是別人的問題，是我自己的問題。我總是對自己說，只要我肯學肯努力，沒有什麼事情做不到的，大多數時候，事實的確是如此，只是這一次，我想我眞的做不到了……」媽媽一面說著，一面又流下了眼淚。

小傑不知道該說些什麼，只好靜靜地坐在一旁陪伴著媽媽。

大哭一場之後，母親的心情平復了一些。

她站起身來，對自己和家人大聲宣佈說：「好，我承認，我做不好打字這個工作，我再怎麼努力都沒有辦法成爲一名優秀的打字員，但是總有我可以做

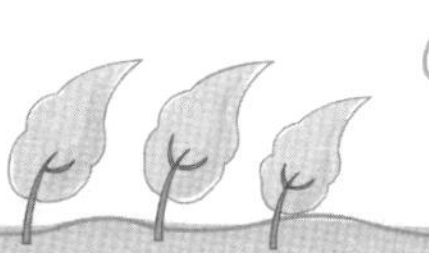

得好的工作吧！」

一個星期以後，小傑的媽媽找到了新工作，而且做得很好，現在她是一家保險公司的超級業務員。

態度，決定人生的高度

我們都知道做事必須盡力而爲，但是我們也知道有些事情無法強求。

比如說，不管我們多努力，我們都無法唱贏世界三大男高音；不管我們多麼努力，我們跳水的功力也遠遠不如那些奧運金牌選手；不管我們多麼努力，我們就是沒有辦法畫出像畢卡索的畫作一樣出色的作品；不管我們多麼努力，我們還是搞不清楚微積分是什麼東西。

是的，很多事情，不是光靠努力就可以做到，所以我們的人生難免有失敗、有挫折，難免會想要放棄、想要逃避。

但是，換個角度來想，清楚明白自己「做不好什麼」並沒有什麼不好。正因爲早知此路不通，所以我們可以更積極地去開發另外一條新路，在另外一個領域多加努力、多加爭氣。

失敗並不可怕，只要我們勇於面對失敗，停止自怨自艾，便能在失敗的過程中更加認識自己。

當你徹底地認識自己以後，便會把你做得好的事情做得更好，把你做不好的事情交給做得好的人來做。

相互提攜才是領導者的能力

真正的強者，不但需要具備過人的智慧與能力，更要能夠運用這些優勢帶領底下的人一起往上爬。

你想要成爲團體中的領導人物嗎？

你認爲成爲一名領導者需要具備什麼樣的條件呢？

一天，小黃鶯向衆鳥們建議：「我們鳥類王國的版圖這麼龐大，實在應該推舉出一位勇敢的國王來領導大家，壯大我們鳥類的勢力才是。這樣吧，誰是鳥類中最偉大的，我們就選牠出來當國王！」

所有鳥兒都贊成這樣的提議。這時候，一向爲自己一身漂亮的羽毛感到自

豪的孔雀立刻毛遂自薦說：「各位，大家就選我做國王吧！我是所有鳥類中最美麗的，也是最能爲我們鳥類王國增光的！」

孔雀一面說，一面驕傲地展開那一片五彩斑斕的羽毛，引起衆鳥的讚嘆。

同屬爲「外貌協會」的鸚鵡首先附和道：「有這麼漂亮的鳥做我們的國王，眞是我們全體鳥類的光榮啊。我贊成由孔雀來當我們的國王！」

其餘的鳥類也紛紛附和鸚鵡的話，一致認爲由美麗的孔雀來擔任國王是再適合不過了。只有體型嬌小的麻雀持相反的意見，擔憂地說：「孔雀是很美麗沒有錯，但是，當我們這種弱小動物被敵人侵襲時，牠有什麼能力來保護我們呢？與其選一個美麗的國王，倒不如選一個在危險時候能夠爲我們挺身而出的鳥來當國王吧！」

「是啊，是啊……」大夥兒聽了麻雀的話，一致認爲麻雀說的話很有道理，重新選擇新的國王。最後，大家經過一番討論，總算選出了鳥類中最強悍兇猛的老鷹爲百鳥之王。

一個好的領導者不僅僅是要為團體增光，更重要的任務是，必須要讓整個團體都一起受惠。

眞正的強者，不但需要具備過人的智慧與能力，更要能夠運用這些優勢帶領底下的人一起往上爬，才眞的可以成為別人眼中的強者。

如果他總是獨善其身，如果他總是讓聚光燈投射在自己身上，如果他因為他的強大而突顯出別人的弱小，那麼他在團體中勢必會遭到衆人的排擠而不是擁戴。

能力越好的人，越應該要積極地和別人分享自己的能力。當所有人都因為你而得到了好處，他們會更加樂意為你效勞，而你也可以因此而變得更強。

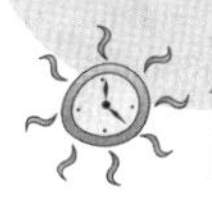

踏實積金勝過終日妄想煉金

腳踏實地雖然辛苦，但是至少可以讓我們每一天都過得比昨天好一點，每一天都對社會有貢獻，對自己有交代。

有個人一心想成爲大富翁，認爲只要自己學會了煉金術，就可以擁有一輩子都花不完的財富。因此，他夙夜匪懈，把每一分資源與精力都投入煉金術的研究中。

他的妻子感到非常無奈，爲了阻止丈夫繼續做他的發財夢，她想出了一個辦法，聯合娘家的父母親，一起對丈夫說：「我們其實已經掌握了煉金術的秘訣，只是現在還缺少煉金子的原料。」

「快告訴我，還缺少什麼東西？」那個人迫不及待地問。

妻子的父親說：「我們需要三公斤從香蕉葉背面搜集起來的白色絨毛，而這些絨毛必須從你親手種的香蕉樹上摘下來才有效。等到你收集好絨毛後，我們就會告訴你煉金的方法。」

這個人聽了，立刻跑回家裡，把家中荒廢多年的田地種上香蕉。每天認眞地澆水灌溉，就爲了讓香蕉樹快一點長大。

當香蕉成熟之後，他便小心翼翼地從每張香蕉葉背面收刮白絨毛，他的妻子則把一串串肥美的香蕉拿到市場上去賣。

等到他收集夠三公斤的絨毛時，時間已經過了十年了。他滿懷期待地提著絨毛來到岳父岳母的家裡，請求他們傳授煉金之術，此時，岳父岳母送給他一個巨大的箱子，裡頭裝的竟是滿滿的金子！

他的妻子告訴他，這些金子是這十年來她在市場上賣香蕉賺來的。

面對整箱黃澄澄的金子，這個人總算明白，所謂的煉金術其實不是什麼通天的本事，只要腳踏實地、勤奮耕耘，任何人都可以找到致富的方法。

一步登天不如步步高升，好高騖遠不如腳踏實地。有句話說：「小富靠努力，大富靠運氣」，雖然人人都希望大富大貴，但是兩相比較之下，你會情願依靠掌握在自己手上的「力」，還是去祈求那看不見也摸不著的「運」？

成功是一點一點累積而成的，我們不能否認世界上有一步登天的超級幸運兒，但是我們也不能肯定自己就一定會是那個幸運兒，不是嗎？

腳踏實地雖然又辛苦又很難擁有什麼大成就，但是至少可以讓我們每一天都過得比昨天好一點，每一天都對社會有貢獻，對自己有交代。

即使蓋不成萬丈高樓，至少也可以爲自己建造一間小木屋，無論如何，總好過那些期盼一步登天卻始終在原地踏步的人。他們擁有的頂多只是一大片不能遮風擋雨的海市蜃樓，到頭來誰才是比較幸運的那一方呢？

面子不是最重要的事

你的主動表現了你的友善和大方，唯有放下無關緊要的「面子」，才能找回人生的希望。

愛能讓人遠離絕望，迎向希望

愛能讓人勇敢承認錯誤，愛能讓絕望遠離生命，帶領你迎向希望。只要心中有愛，就沒有什麼不可原諒的事情。

二〇〇二年的某一天，義大利的報紙上出現了一則很特殊的尋人啓事：

「一九九二年五月十七日，在瓦耶里市商業區第五大道的停車場，有一個白人婦女被一個黑人小夥子強暴得逞。不久之後，這個女人生下了一個黑皮膚的女孩，她和她的白人丈夫一同撫養這名女孩，並且把她視為掌上明珠。然而，不幸的是，現在這個女孩得了白血病，需要立刻做骨髓移植手術。她的生父是拯救她的唯一希望。希望當年的當事人看到這則啟事後，立刻和伊莉莎白

醫院的安德列醫生聯繫。」

這則尋人啓事一登出，立刻引起許多人的注意。

大家都爲這名白人婦女居然願意生下強姦犯的孩子感到不解，更令他們覺得不可思議的是，他的丈夫怎麼能接受另外一個男人的孩子呢？

同時，人們也紛紛臆測著，那名強姦犯得知這項消息之後，是否膽敢站出來？如果他站出來，有什麼顏面面對他的家庭、受害人的家庭，以及社會大衆的譴責？若是他保持沉默，又如何能夠眼睜睜看著他的親生骨肉飽受病痛而見死不救？

令人動容的是，那名被強姦的白人婦女說：「只要女孩的父親肯站出來救我的女兒，我可以既往不咎，不採取任何法律行動。」

當年，她是在下班途中被一名黑人小夥子強暴的，當她哭著回家告訴丈夫這件事情時，那名黑人早已不見人影。

他們夫妻倆抱頭痛哭了一個晚上，昏昏沉沉過了好長一段時間。

接著，婦人發現自己懷孕了。她不確定這個孩子是她丈夫的，還是那名黑

人的。她心存僥倖地把孩子生了下來，才發現自己生了強姦犯的孩子。

幾經掙扎之後，她的丈夫決定把孩子留下來不送去孤兒院，因爲那是他妻子懷胎十月孕育的孩子，應該也可以算是他的孩子。

他們告訴鄰居，因爲婦人的祖父是黑人，所以生下黑皮膚的孩子一點也不奇怪。就這樣，這個女孩一直在溫暖的環境下長大，和她白皮膚的姐姐同樣受到父母親的疼愛。

這則啓事感動了很多人，甚至有許多人主動發起替小女孩找尋匹配骨髓的活動。羅馬城裡幾乎沒有一個人不曉得這則新聞。

直到兩個月後的某一天，一個三十歲的酒店老闆來到了伊莉莎白醫院，自稱是當年那名強姦犯。

現在的他，擁有三個孩子和一位美麗的妻子，繼承岳父的酒店，是員工們眼中的好老闆、好丈夫、好爸爸。

但是，在他心裡，一直存在著一個不爲人知的秘密。

那是十年前的一個晚上，因爲他在打工的餐廳受到不合理的對待，他的老闆歧視他的膚色、辱罵他的同胞，甚至還逼他去把他打破的盤子碎片吞進肚子裡，年輕氣盛的他於是打了老闆一拳，衝出餐館。

當時，他在停車場遇到一名白人婦女，出於對種族歧視的報復，他泯滅良心，把氣發洩在白人婦女身上，怎麼也沒有想到，自己一時激動所犯下的錯誤，竟會造成這麼可怕的悲劇。

那天晚上以後，他感到非常後悔，連夜逃離家鄉，發誓要改頭換面、重新做人，費盡千辛萬苦，才取得今日的成就。

儘管他知道出面承認當年的錯誤，可能會毀掉他好不容易建立起來的一切，甚至讓他失去他的家庭，但是出於父愛的天性，他還是決定要去做他應該做的事。幸運的是，他的骨髓完全適合他的女兒。

小女孩得救了！小女孩的父母淚流滿面地對當年的強姦犯說：「謝謝你，謝謝你勇敢地站出來。」

這名黑人則是寫信給他們說：「我非常感激這個小女孩，從某種意義上說，她給了我這個贖罪的機會，是她讓我擁有一個快樂的後半生！」

為了保護雙方的隱私，醫院並沒有公佈這名黑人的眞實身分，只是告訴記者：「小女孩的父親已經找到了！」

報章雜誌是這樣評論這名黑人的，他們說：「也許他曾經是個罪犯，但現在他是個英雄！」

人生沒有永遠的坦途，隨時都可能碰上突如其來的變故，不要讓不幸和錯誤的過去限制現在和未來。

莎士比亞曾經在劇作中如此寫道：「希望，在任何時代，都是一股讓自己生命看見陽光的力量。」

只要心中還有愛的力量驅動，人就能放下過去，迎向未來。

如果你是那名白人婦女，能原諒強姦你的罪犯嗎？如果你是白人婦女的丈夫，能接受被強姦的妻子，以及仇人的女兒嗎？

如果你是那名黑人強姦犯，你願意冒著可能失去一切的危險，回頭去面對從前犯下的錯誤嗎？甚至如果你是那名強姦犯的妻子，你要怎麼接受自己的好丈夫居然曾經是名冷血的強姦犯？

但是，他們卻都做到了！因爲，他們心裡有「愛」。

愛能讓人原諒從前傷害自己的人，也能令人愛屋及烏地把別人的孩子視如己出，愛能令人勇敢承認錯誤，更能爲自己贏得世人的諒解和寬容，愛能讓絕望遠離生命，帶領你迎向希望。

只要心中有愛，就沒有什麼不可原諒的事情。

雖然那個人傷害了你，雖然那個人沒有好好地對待你，但你越恨他，只會越忘不了他。相反地，去愛他，你就能放下他。

別讓爭執疏離了彼此

永遠不要跟你愛的人或是你關心的人爭執，因為縱使吵贏了也不會比較開心，而且往往會因為爭執而讓彼此失去更多。

有位已婚女演員在記者會的訪問中，透露了她婚姻生活中的一件軼事。

某一年的結婚紀念日，爲了能夠和丈夫有個難忘的夜晚，她特地排開工作，早早把孩子送到保母家裡，並在家裡準備了豐盛的晚餐、點上浪漫的蠟燭，等候丈夫回家。

沒想到丈夫才剛回到家裡，兩個人就因爲一點小事起了口角，開始鬧彆扭，連飯都吃不下去。

原本是個美好的結婚週年紀念，搞成這樣未免有些可惜。只是，氣氛已經僵住了，要一下子扭轉局面似乎很困難。

這時，妻子突然想到一個好點子，發揮演員的精神，向丈夫提議說：「這樣吧，我們就像拍戲一樣，ＮＧ重來，好不好？」

說完，她立刻替丈夫重新把鞋子穿上，套上外套，提起公事包，退出家門，要丈夫再按一次門鈴。然後，像什麼事情都沒有發生過一樣，她再一次打開家門，高高興興地迎接丈夫回家。

這一天，他們共度了一個愉快的夜晚。有了這次經驗以後，每當他們之間發生摩擦時，就會使出「ＮＧ重來」的法寶。一直到現在，他們已經結婚十幾年了，兩人的感情卻還和新婚時候一樣甜蜜。

女演員笑著解釋說：「那是因爲我們隨時都在『重新開始』！」

人生是快樂或痛苦，關鍵就在於看待生活的態度，只要學會積極、正面地對待，就可以讓自己的人生更加精采。生命中的失敗、挫折，人際間的摩擦、齟齬，都只是一時，只要微笑以對，就能替自己創造更開闊的道路。

當發生爭執的時候，我們往往都會執著於爭執點上，非要分出個我對你錯才肯罷休。然而，對錯眞的那麼重要？

能夠和平相處，享受親密的氣氛，不才是最重要的嗎？那麼，何不平心靜氣，重新開始，給對方一個台階，也給自己一個機會呢？

永遠不要跟你愛的人或是你關心的人爭執，因爲縱使吵贏了也不會比較開心，而且往往會因爲爭執而讓彼此失去更多。

雖然我們可以用「NG重來」的方式化解許多小口角，但是人與人之間，不是每一種錯誤都可以如此輕易地一筆勾銷。因此，我們還是應該要謹愼地去面對身邊每一個人，以免造成難以彌補的遺憾。

失去理智，只會讓人生暗無天日

真正能夠帶給人力量的，不是憤怒，而是原諒；不是恨，而是愛。唯有一句柔軟的話，你才能走出絕望，給自己希望。

有一對夫婦在婚後第十三年才生下一個男孩，期盼了這麼多年，夫妻倆自然把兒子視爲天上掉下來的禮物，對他百般寵愛。

在男孩兩歲的某一天，丈夫在出門上班之前，看到桌上有一瓶藥，瓶蓋是開著的，由於他急著去上班，所以只揚聲提醒妻子把藥瓶收好，然後就匆匆忙忙地離開了家。

妻子正忙著在陽台上晾衣服，一下子就把丈夫的叮嚀拋在腦後。

天眞無知的小男孩拿起藥瓶，覺得很好奇，就把那色彩鮮艷的藥丸當成糖果，全部吃進肚子裡去了。

藥丸的藥性非常強烈，就連成人一次服用也只能服用半顆。男孩由於用藥過量被送到醫院時，已經回天乏術了。男孩的母親一時之間不知道該如何接受這個事實，她痛失愛子，更自覺無顏面對丈夫。

傷心欲絕的父親接到噩耗，立刻趕往醫院，想要看兒子最後一面。

當這名父親看見兒子的屍體時，原先強忍著的淚水立刻奪眶而出。他望了站在身邊的妻子一眼，然後只說了一句話。

你知道他說的是什麼話嗎？

他對同樣傷心欲絕的妻子說：「親愛的，我愛妳……」

沒有一句話會比這句話更能安撫妻子傷痛的心，也沒有一句話會比這句話

更能夠沖淡悲傷的氣氛。這位丈夫明白，指責妻子並不能讓兒子復活，逝者已矣，來者可追。他唯一能做的，就是安慰活著的人。

原來，放下仇恨、停止怨天尤人的想法並沒有那麼困難，當你知道再怎麼仇恨、再如何抱怨都無濟於事的時候，自然就會轉換別的念頭，讓自己也讓身邊的人好過一點。

人在悲傷的時候，總會很自然地在憤怒中找尋力量，用仇恨來推動自己沉重的腳步繼續前進。然而，那只會使自己越走越偏離正軌。

眞正能夠帶給人力量的，不是憤怒，而是原諒；不是恨，而是愛。

唯有原諒別人，你才能夠放過自己；唯有試著去愛你的仇人，你才能夠眞正戰勝自己心裡那個惡魔，唯有一句柔軟的話，你才能走出絕望，給自己的未來更多希望。

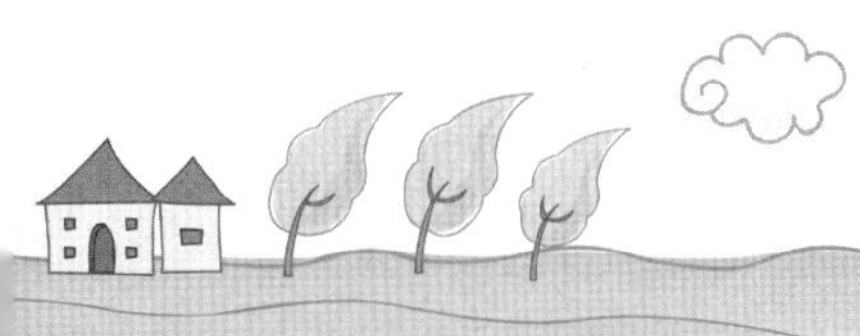

真愛沒有委屈，只有滿足

真愛是犧牲、是付出、是奉獻，更偉大的是，真愛裡沒有委屈，只有幸福。只要還能夠在一起，就是一種幸福。

有個年僅三十歲的女老師年紀輕輕就中風，半身不遂被送進醫院休養。原本辯才無礙的她現在連一句完整的話都講不出來，沒有辦法接受這個殘酷的事實，總是不肯打針、不肯吃藥，以不合作的方式來表達對命運的抗議。

漸漸地，她的家人不願意照顧她了，唯一願意陪伴在她身邊的，只有她的先生。他總是對她百般容忍，每當她哭鬧不休，造成醫護人員的麻煩時，他總是低著頭，頻頻向大夥兒賠不是，好像犯錯的是他自己一樣。

但是，女老師一點兒也不體諒丈夫的用心，反而益發變本加厲，不僅把丈夫餵她吃的飯吐在床單上，甚至還故意吐在她丈夫的臉上。

然而，她的丈夫卻從來沒有對她發過脾氣，只是不停地好言相勸，要她多吃一點飯，才有力氣對抗病魔。

一天，女老師又在吃飯的時候耍脾氣，把整盤飯菜摔到地上。和往常一樣，她的丈夫只是認命地蹲下去，慢慢地清理殘渣。

他一面清著垃圾一面埋怨說：「眞是的，妳是要累死我是不是？妳就是想要看我爲了妳累死是不是？」

說著說著，丈夫緊緊握住那個女老師的手，紅著眼眶說：「妳知道嗎？我不怕爲妳累死，我怕的是，要是我眞的死了，誰來照顧妳？我不想把妳一個人孤伶伶地留在這個世界上啊……」

女老師聽了這番話，停止了哭鬧，取而代之的是兩行感動的淚水。

如果有一天，你所愛的人也癱瘓在床上動彈不得，你也能像女老師的丈夫一樣，無怨無悔、逆來順受地照料你的另一半嗎？

在女老師的丈夫身上，我們看到了最至高無上的愛情，也讓人清楚看見了解，所謂的「愛情」就是替對方著想。

不僅在活著的時候要爲對方著想，就連死了以後也要替對方打算。很多人談戀愛的時候，都只想到了自己，希望對方能給自己什麼，希望對方爲自己做這個、做那個，然而，眞愛又豈是那樣？

眞愛是犧牲、是付出、是奉獻，更偉大的是，眞愛裡沒有委屈，只有幸福。那名女老師的丈夫照料妻子的時候，心裡一定是幸福的，因爲他每一天都慶幸自己的妻子只是中風而已，還好她還活著，還好她還在他的身邊。只要他們還能夠在一起，就是一種幸福。

面子不是最重要的事

你的主動表現了你的友善和大方，唯有放下無關緊要的「面子」，才能找回人生的希望。

有個女孩讀大學時候，有一個很要好的男朋友，兩個人一起讀書，一起考上研究所，甚至畢業以後，也進了同一家大企業裡頭做事。不久之後，男孩被外派到大陸去工作，兩人開始過著聚少離多的生活。

或許是因爲時空距離的關係，他們之間大大小小的爭執不斷。

某一次吵架過後，雙方都在氣頭上說了重話，從此有整整半年的時間，他們都不肯和對方聯絡。

「雖然我很希望可以跟他合好，但是我實在拉不下那個臉向他低頭，所以我只好強忍著對他的思念，每天祈禱他可以主動來跟我示好。」女孩說這些話的同時，眼神還透露著幾許遺憾。

只是，她沒有盼到男孩回頭，卻意外等到了另外一位愛慕她的人向她表白。她的新歡條件很好，對她也十分照顧，約會半年多以後，男人捧著一束玫瑰向她求婚了。

當下，她的腦筋一片空白，只好請對方給她一個月的時間考慮。

經過這件事的刺激，女孩更加覺得自己還是忘不了從前的舊愛。終於，她決定拋開所有的面子和矜持，寫了一封長長的電子郵件給男孩，告訴他，她還是很愛他，請他趕快跟她連絡，否則，她就要嫁給別人了。

「我之所以這麼說，其實只是希望給他一些壓力，要他更積極地挽回我而已。」女孩苦笑地說。

只是沒想到，信件寄出後，她始終等不到對方的回音。

她等了一個多月，卻連隻字片語都沒有等到。傷心之餘，她毅然決然地和另外一個男人步入禮堂。

後來，她才知道，原來她寄信給前男友的時候，碰巧他生了一場重病，住在醫院裡好幾個星期都沒有辦法上網收信。

等到他出院回到家裡時，他看著她寄來的信，當場痛哭失聲。他看到信的那天，正好是女方結婚宴客的日子。

態度，決定人生的高度

每一段愛情的磨損或破裂，通常都是從微不足道的小事開始。互不相讓、斤斤計較的結果，原本相愛的兩顆心距離變遠了。

心態決定愛情的好壞，相愛的兩個人，想讓彼此的幸福「加溫」，完全取決於彼此在愛情出現問題時，到底用什麼心態面對。

爲什麼很多人都會把「誰先開口」、「誰先低頭」視爲面子問題呢？難道先開口、先示好、先伸出友誼之手，就等同於「沒有面子」嗎？

如果主動可以贏得對方友善的回應，相信任何人都不會顧慮到面子和自尊的問題。就怕自己都已經低頭了，對方卻不領情，還直潑冷水，那才眞令人找不到台階下！

然而，縱使如此，又有什麼好丟臉的呢？你的主動只不過表現了你的友善和大方，對方若是沒有好好地回應，就是他小器和不成熟，他才應該感到丟臉，不是嗎？

很多人都把「被拒絕」和「沒有面子」畫上等號，其實這是錯誤的想法。「被拒絕」只是「被拒絕」而已，無關顏面。更何況，比起抱憾終生，這點犧牲又算得了什麼呢？至少是他拒絕了你，而不是你辜負了他。

唯有放下無關緊要的「面子」，才能找回人生的希望。

生氣，不如平心靜氣

越是生氣的當口，越應該要理性地提醒自己，不要忘記自己做這件事情原本的目的是什麼。

有一位禪師非常喜愛蘭花，平日弘法講經之餘，還費了很多時間和精神照顧他栽種的蘭花。

一天，禪師決定要閉關修行一段時間，臨閉關前，他交代弟子：「務必要悉心照顧寺裡的蘭花。」

弟子沒有把師父的話當耳邊風，每天都很盡心盡力地照顧蘭花。但是萬萬沒想到，就在禪師預定要出關的前一天，有個弟子爲了要把野貓趕走，竟不小

心把蘭花架碰倒了。

所有的蘭花都跌碎在地上，鮮艷奪目的花瓣灑了一地。

弟子們因此感到非常恐慌，個個把皮繃緊，準備接受師父的責難。

然而，禪師知道這件事以後，卻沒有生氣。

他告訴弟子：「我種植蘭花，一來是希望能夠用來供佛，二來是爲了美化環境，三是爲了陶冶性靈。不管怎麼說，我都不是爲了生氣而種花的！」

態度，決定人生的高度

很多時候，我們也需要這樣子的智慧。

既然不想發生的事情已經發生了，生氣又有什麼用呢？

不妨試著這樣告訴自己：「我不是爲了生氣而種花的！」「我不是爲了生氣而工作的！」「我不是爲了生氣而談戀愛的！」「我不是爲了生氣而來到這個世界上的！」

一旦可以壓抑自己的怒氣，自然就能用客觀平靜的心情來看待事情，不讓不好的情緒爲自己不幸的遭遇造成二度傷害。

越是生氣的當口，越應該要理性地提醒自己，不要忘記自己做這件事情原本的目的是什麼。

既然你不是爲了生氣而做這件事的，那麼現在又爲什麼要生氣呢？記住，生氣不能讓事情變好，更加不能讓心情變好。看開一點，不要生氣，反而可以顯示出自己的高尚修養。

許多讓自己懊悔不已的舉動，都是充滿怒氣時做出的。

無論遭遇什麼狀況，都要提醒自己保持理性，調整看待事物的角度，不要受心情影響，否則就容易傷害別人，也傷害自己。

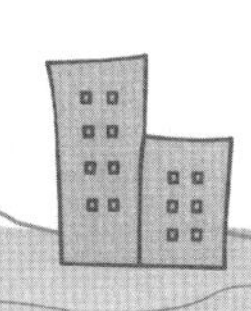

手足之情是無私的感情

兄弟姊妹之間不需要講求公平，因為「愛」就是對待手足最高的原則。只要與親人，共同努力，人生便會有無窮的希望。

有一對出生於貧苦農家的姊弟，兩個人相差三歲。

從小開始，弟弟凡事都會讓姊姊，當姊姊做錯事的時候，他會替她頂罪；當姊姊被父母親處罰的時候，他也都會主動替她求情。

國中畢業以後，姊姊考上第一志願的高中。父母親雖然很高興，但也開始爲她的學費發愁。他們說：「家裡哪有錢給孩子唸書？就是要供也該供兒子啊！女孩子唸那麼多書幹什麼？」

弟弟聽到了，二話不說，偷偷帶著行李離開家裡，留了張紙條給父母，說他決定不讀書了，他要到城裡賺錢給姊姊讀書。姊姊沒有辜負父母親和弟弟的期望，高中的成績一直名列前茅，而且還考上了很好的大學。

弟弟在工地裡做工，每天和泥土砂石和在一起。領到的工資不但要幫忙姊姊繳學費，有多餘的錢，還會買新衣服送給姊姊。

他說：「女孩子要打扮得漂漂亮亮的，才交得到男朋友。」

很可惜地，姊姊的桃花運一向不好，倒是在事業上一直都有很好的運氣。大學畢業以後，姊姊順利進入一家大企業工作，沒幾年工夫，就在業界建立了很好的名聲和人脈。

她一直想要找機會安排在工地裡擔任工頭的弟弟進來她的公司當工程部主任，但是弟弟總是一再地推辭。後來有一天，弟弟在工作時不小心從鷹架上跌了下來，摔斷了腿送進醫院，幸好沒有生命危險。

看著弟弟裹著石膏的腿，姊姊感到既心疼又難過，忍不住埋怨他說：「要你來我公司裡坐辦公室你不要，硬是要留在工地做事，你看，現在摔成這樣子

了吧，你當工人能當一輩子嗎？」

這時，弟弟總算說出他心裡眞正的想法，他說：「我怎麼能去妳公司當空降部隊呢？我沒有學歷，又沒有特殊專長，要是人家知道我是妳弟弟，在背後說妳的閒話，這會對妳造成多大的影響啊！」

姊姊聽了這話，當場淚如雨下，自責地對弟弟說：「都是因爲我，所以才耽誤了你的前途。」

然而，弟弟卻微笑地對她說：「哪有什麼耽誤不耽誤的，我現在這樣子也沒什麼不好啊！」

姊姊一直不明白爲什麼弟弟會如此心甘情願的爲她犧牲著想，直到弟弟結婚之後，才從弟媳婦的口中聽到一個她早已經不記得的故事。

弟弟告訴他的老婆說：「我小的時候，每天都要從家裡出發走上一小時的路才能到學校。有一次，我的鞋子在學校裡被人偷了，只好赤著腳和姊姊一起走回家。姊姊一看到我沒有穿鞋子，立刻把自己腳上的鞋子脫下來讓給我穿，她就這樣光著腳，在佈滿小石子的地上走那麼遠的路。等我們回到家的時候，她的兩隻腳都流血了，打從那時候起，我就告訴我自己，只要我有能力，我就要用盡各種方式來報答我姊……」

態度，決定人生的高度

人與人之間的關係是互相的，想要別人對你好，就要自己先對別人好，尤其對待自己的家人要更好。

兄弟姊妹之間不需要講求公平，因為「愛」就是對待手足最高的原則。

如果你愛你的兄弟姊妹，那麼禮讓他一下有何不可？

如果你愛你的兄弟姊妹，為他犧牲又有什麼關係？如果你不知道自己為什麼要責無旁貸地去愛你的手足，你只需要想一想，有一天，你的父母會離開你，你也未必有子女，到了那個時候，你的兄弟姊妹會是世界上唯一和你血脈相連的人，你不愛他你要愛誰？只要你愛他，他必定也會更愛你。只要與親人相互幫助，共同努力，人生便會有無窮的希望。

將心比心，就會少點委屈

「討回公道」只能給人勝利的快感，無法給人希望，但是「將心比心」才能真正為人帶來一輩子的快樂。

每年暑假，夏威夷的某家飯店都會舉辦各式各樣的暑期夏令營活動，邀請住戶的小孩來參與。有一次，飯店經理經過俱樂部門口時，看見一位掛著飯店名牌的工作人員正在安慰一名看起來大約四、五歲的白人小孩。

那個小孩像是受到驚嚇似的，兩隻眼睛都哭腫了。

他上前去問清楚事由，才知道這個工作人員負責帶小朋友去看海豚表演，當天參加活動的小朋友比較多，工作人員一個不小心，竟把其中一個小朋友留

在現場，直到回到飯店之後，才發現人數不對。

等到他趕回海洋館時，那個小孩早已經哭紅了眼睛。

經理看著這個小孩哭得皺成一團的小臉，感到於心不忍，換做是小孩子的媽媽，一定會更加心疼！正當他做好了挨罵的準備，並且思索著要給這名小孩的母親什麼樣的住宿折扣作爲補償時，小孩的媽媽出現了。出乎他的意料之外，這名小孩的媽媽聽了工作人員的解釋以後，並沒有生氣，只是蹲下來抱著她的小孩，安慰她說：「沒事了，沒事了，媽媽在這裡，不要怕……」

接著，她很理性地告訴孩子：「你知道嗎？不光只有你難過而已，那個帶你去玩的大姐姐因爲找不到你，也和你一樣覺得非常緊張和難過，現在，你應該去抱一抱她，安慰她一下。」

只見這個四歲的小孩擦乾了眼淚，展開雙臂擁抱那名害他哭泣的大人。

看了這則故事，也許你會說，這個媽媽何其偉大！但是我更覺得，這個媽媽是何等的聰明！她沒有怒氣沖沖地向飯店人員討公道，沒有爲自己孩子伸張正義，不只是因爲她懂得體諒別人，更重要的是因爲她知道人生之中，有更多無法討回公道的苦處，也有更多需要把眼淚往肚裡吞的時刻。

現在的她，或許可以替她的孩子討公道，但是她的孩子將來長大了，遇到更多不公不義的事情，能向誰去討公道？

因此，她只能教她的孩子，受委屈的時候，也要站在別人的立場替對方著想；受到不合理的待遇時，要用寬容的胸襟坦然地面對。

讓孩子學會「面對委屈」，比教導孩子「不吃虧」更加受用，如此，孩子對人生才不會輕易興起絕望的念頭。

「討回公道」只能給人勝利的快感，無法給人希望，但是「將心比心」才能眞正爲人帶來一輩子的快樂。

不想放棄，就要多加爭氣

只要對生命仍然充滿希望，不輕易放棄自己的人生，對一個人而言，還有什麼事情比擁有這種積極的想法還要幸運？

有個富翁在一夕之間賠光了家產，並且欠下了大筆的債務。他失去了他的房子、汽車，就連妻子和子女也都離開了他。

唯一陪伴他的，只剩下一隻他養育多年的老狗。生意失敗的老人帶著他的狗四處飄零，走過一村又一村，怎麼也找不到一個落腳之地。

一天夜裡，天空忽然飄起了大風雪，老人身無分文，只能穿著單薄的衣衫躲在一處偏僻村莊的破廟裡。

那晚寒風刺骨，老人感到無比地絕望，甚至想要結束自己的生命。幸好始終陪伴在他身邊的老狗給了他一絲安慰，讓他對人世還有一些眷戀。

沒想到隔天一早，老人一覺醒來，竟然發現他心愛的狗被人殺死在廟門外。天哪！上天對他實在太殘忍了！他實在找不到任何理由繼續活下去！

老人決定再看這個世界最後一眼，然後就追隨他的狗而去。這時，他察覺到一件不尋常的事：整個村莊安靜得可怕，一點人的聲音都沒有。

老人不由得快步走到街上去，啊，怎麼會這樣呢？

只見整個村莊四處除了屍體，還是屍體，一片狼藉，一個活口也沒有留下來，顯然是昨晚遭到了匪徒的洗劫。

看到這種悲慘的場面，老人不禁心念急轉，村中所有的人都死了，只有他是唯一的倖存者，那麼他又怎能不堅強活下去呢？

雖然失去了財富，失去了家人，失去了心愛的狗兒，但至少他還擁有生命，這才是人生最寶貴的東西的，不是嗎？打從破產以來，老人第一次重新展開了笑容，雖然他的遭遇很不幸，但是他卻已經比很多人都幸運。

人生來就是不平等的，當你感慨自己比不上別人的時候，不妨想想那些不如你的人，你會發現，上天對你其實已經是多麼的偏愛！

當你感到自己的人生已經了無希望的時候，轉頭看看其他人吧，在很多方面其實你已經比很多人都還要幸運。

或許你破產，或是失去了最愛的親人，抑或是因爲意外而有了肢體的殘缺，或許你歷經了諸多的不幸，然而只要你還活著，只要你願意爭氣一些，就能夠開創另一番全新的生命。

只要對生命仍然充滿希望，不輕易放棄自己的人生，對一個人而言，還有什麼事情比擁有這種積極的想法還要幸運？

PART 11

走出壞情緒，會發現更多樂趣

壞情緒總該有個盡頭，除非你選擇要永無止盡地沉溺在裡面。要不要回到平靜的岸邊，決定權掌握在自己手中。

不肯放下煩惱，就無法開懷大笑

煩惱其實從來沒被邀請，一切都只是人們的一廂情願。是我們自己選擇要去煩惱，而不是煩惱自行來將我們困住。

有個不快樂的男孩四處尋找擺脫煩惱的辦法。

有一天，他經過一座山腳，看見一個牧童騎在牛背上，吹著悠揚的橫笛，一副逍遙自在的模樣。

於是，男孩走上前去，問牧童說：「可不可以請你告訴我，要怎麼樣才能像你一樣快樂呢？」

牧童回答：「只要你騎在牛背上，笛子一吹，自然就會很快樂了。」

男孩試了試，一點效果也沒有。

他又繼續往前走，在經過一條河流時，看見一位老翁坐在樹蔭下釣魚，看起來怡然自得的樣子。

男孩走上前去，問老翁說：「老伯伯，你可以告訴我擺脫煩惱，使自己自由自在的方法嗎？」

「那有什麼問題？」老翁拍著胸脯回答：「只要你跟我一起釣魚，保證你什麼煩惱都沒有。」

男孩坐下來跟著老翁釣了大半天魚，卻失望地發現他的煩惱還在。

他只好繼續往前走，希望可以找到快樂的秘訣。

下雨了，男孩來到一處山洞躲雨，他看見山洞裡有個老人獨自坐在裡面，臉上帶著平靜滿足的微笑。

「老爺爺，你可不可以告訴我，爲什麼你可以笑得這麼滿足呢？」

「我笑得這麼滿足，是因爲我的內心平靜，沒有煩惱的關係。」老人平靜而祥和地回答說。

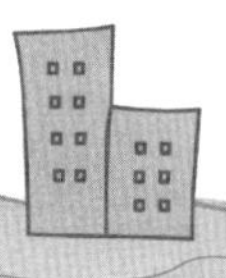

男孩繼續追問：「那你可不可以告訴我要怎麼才能擺脫煩惱呢？」

老人露出疑惑的表情，反問男孩：「擺脫？爲什麼要擺脫？難道是煩惱自己來困住你的嗎？」

男孩仔細地想了想，搖搖頭說：「……不是。」

「這就對了，既然不是煩惱自己來找你困住你，那麼你又何必自尋煩惱呢？」老人笑著說。

煩惱其實從來沒被邀請，一切都只是人們的一廂情願。

生活中，我們的確會遇到許許多多大小不一的麻煩，難免會有放不下的事情與難以解決的煩惱。

但是要知道，是我們自己選擇要去煩惱，而不是煩惱自行來將我們困住。不會意氣用事的人，將來比較能夠爭氣，做出一番大事。

只要還承受得了，煩惱的壓力可以幫助我們成長，讓我們想通一些事情，不也沒有什麼不好？但若壓力大到承受不了，我們就應該要試著忘卻煩惱，不要再繼續和煩惱糾纏。

沒有一個人的人生是完全沒有煩惱的。有些人之所以可以笑得開懷，是因爲他在煩惱過之後，懂得將煩惱放下。

無形的缺憾不是終生的遺憾

我們所煩惱的事情不值得煩惱，因為它根本就不存在，從前那些被視為「缺憾」的缺憾，其實只是「缺少」而已。

有個年輕人在一次意外中失去了他的左手臂，從此以後，他老是覺得自己矮別人一截。每當看到別人生龍活虎、身手敏捷的樣子，年輕人總是難過得把淚水往肚子裡吞，獨自承受痛苦。

為了讓自己忘卻傷痛，年輕人把自己埋首於書堆當中。徜徉於浩瀚書海的時光，是唯一能夠令他感到滿足的時刻。

然而，一旦放下書本，他又不得不離開那充滿夢想與希望的文字世界，回

到殘酷的現實生活裡。

一天，他在書上讀到了一位高僧的名號，聽說這位高僧非常善於開導人，許多憂鬱症的病患經過高僧的開解之後，都會立刻不藥而癒。

年輕人特地前去拜訪這名高僧，一見到高僧，就把自己的苦惱一五一十地說了出來，並且舉起那隻因爲沒有手臂所以空著的袖子對高僧說：「不信你看，這就是折磨我多年的缺憾。」

高僧把手伸進年輕人空蕩蕩的袖管裡，然後抬起頭來微笑著說：「什麼缺憾？我只看見了你的袖筒裡什麼都沒有！」

年輕人聽了，豁然開朗，終於明白一直以來困擾自己的，其實只是一樣看不見的東西而已。

態度，決定人生的高度

我們總是爲了自己少了什麼而煩惱，而高僧的一席話剛好點破了這個盲點，

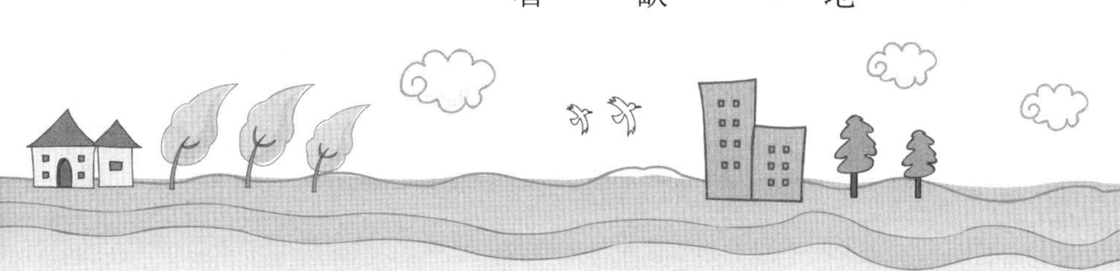

他讓我們知道：當我們爲自己的缺憾而感到煩惱和遺憾時，其實是在爲那些不存在的事物而煩惱。

換句話說，我們所煩惱的事情不値得我們煩惱，所遺憾的事情也不代表著遺憾，因爲它根本就不存在。

世間萬物從來沒有十全十美，人生本來就充滿了缺憾，若我們能夠坦然面對自己的缺憾，從缺憾裡享受缺憾之美，或許就會領悟到：從前那些被我們視爲「缺憾」的缺憾，其實只是「缺少」而已，不是缺憾，也沒有遺憾。

與其去追求那個完整卻不存在的自己，不如爭氣一些，和現在這個眞實而不完滿的自己好好在一起，你說是嗎？

扛著過去的包袱，只會受到拘束

過去的已經過去，現在留在你身上的，只是一道已經結痂的疤痕，而不是一個鮮血淋漓的傷口。

有個年輕人扛著一個大包裹，跋涉千里拜訪一名受人景仰的大師。

年輕人向大師哭訴說：「大師，我自小父母雙亡，一個人孤伶伶地長大，孤獨、痛苦和寂寞使我疲倦到極點。我來找您，就是爲了尋找我心中的陽光，我走路走到鞋子磨穿了，腳掌割傷了，手也流血了，嗓子也沙啞了，好不容易才見到了您，但是，爲什麼我依然還是覺得自己的人生如此灰暗呢？」

大師聽了，反問他說：「你說你費盡了千辛萬苦來到這裡，請問你一路上

是帶著什麼來到這裡的呢？」大師說著，指了指年輕人背上的行囊。

年輕人說：「我化悲憤爲力量，只要想到從前每一次跌倒時的痛苦、每一次受傷後的哭泣、每一次孤寂時的煩惱，我就會感到有一股悲慟的力量推著我往前走，靠著這股力量，我才能走到您這兒來。」

大師點點頭，表示理解。接著，他帶著年輕人來到河邊，一同乘船過了河。等到上岸以後，大師對年輕人說：「你扛著船趕路吧！」

「什麼，扛著船趕路？」年輕人簡直不敢相信自己的耳朵，「船那麼重，我扛得動嗎？就算我扛得動，我也扛不了多久啊！」

「是啊，孩子，你說得對，」大師摸了摸鬍子，微笑著說：「當我們過河時，船是有用的。但是過了河，我們就要放下船趕路，否則，它只會成爲我們的包袱，拖慢我們往前走的速度。你所經歷過的痛苦、孤寂、災難、悲傷，這些對人生都是有用的，它能讓你成長，加速你的成熟。」

「但若你總是牢牢地把它們放在心裡不肯釋懷，它們就成了你人生的包袱。放下它們吧！孩子，生命已經夠沉重了，又何必再去加重自己的負擔呢？」

人生的挫折可以化為養分，幫助我們懂事、成熟。但若一直把曾經發生在自己身上的不幸記掛在心上，它就會變質為仇恨，一點一滴地腐蝕我們的心。

挫折是人生必要的痛，但是一旦傷心過了，就應該學會療傷止痛，讓傷口結痂復原，才能毫無牽掛地繼續往前走，重新以客觀的角度看待自己的人生。

忘卻痛苦從來不是一件容易的事，哪個人在面對未來時，不是帶著過去的記憶？然而，要知道，過去的已經過去，現在留在你身上的，只是一道已經結痂的疤痕，而不是一個鮮血淋漓的傷口。

疤痕能夠讓我們記取教訓，卻不會讓我們感到痛苦。如果仍然覺得痛苦，那不是任何人的責任，而是自己始終不肯放下背上的包袱。

走出壞情緒，會發現更多樂趣

壞情緒總該有個盡頭，除非你選擇要永無止盡地沉溺在裡面。要不要回到平靜的岸邊，決定權掌握在自己手中。

一個生意失敗的男人出外散心，經過一座公園時，聽到公園裡傳來一陣悠揚的歌聲。那是一個快樂的人才能唱出的聲音。

任何人聽到那樣的旋律，都會被其中的快樂細胞感染，男人不禁停下腳步，仔細聆聽這令人感動的歌聲。

不久，歌聲停了下來。唱歌的男人從公園裡走了出來，臉上掛著和他的歌聲同樣令人感動的燦爛笑容。

能夠笑得這麼無憂無慮的人，一定也過得很無憂無慮吧！

男人忍不住上前對他說：「先生，從你的笑容就可以看得出來，你一定是個很幸福的人。唉，不像我，我的生命裡充滿了坎坷與挫折，你一定不知道憂愁和煩惱是什麼滋味吧！」

「我怎麼會不知道呢？」唱歌的男人說：「就在今天早上，我才剛剛遺失了錢包，裡頭裝滿了我一整個月的生活費呢！」

「喔？遺失了錢包！那你怎麼還可以這麼愉快地在這裡唱歌？」

「就是因爲遺失了錢包，所以我更要唱歌！你想想，我已經失去了錢，如果再失去一份好心情，豈不是要蒙受雙重損失嗎？」

態度，決定人生的高度

爲發生在周遭的壞事感到沮喪是難免的，關鍵在於，你打算要沮喪多久？人難免會因爲受到外在環境的波及，使得自己的情緒低落到谷底，這些是

無法控制的。但是，至少應該要爲自己設定一個停損點，遇到小意外的時候，允許自己難過五分鐘、十分鐘，碰到重大挫折的時候，放縱自己傷心一個小時、兩個小時……

重點不在於容許自己不快樂多久，而在於在任何情況下，都應該知道，壞情緒總該有個盡頭，除非你選擇要永無止盡地沉溺在裡面。

當情緒的浪潮席捲而來，很少人能夠倖免於難。但是，要知道，那只是一段必經的過程而已。

要不要回到平靜的岸邊，決定權掌握在自己手中。

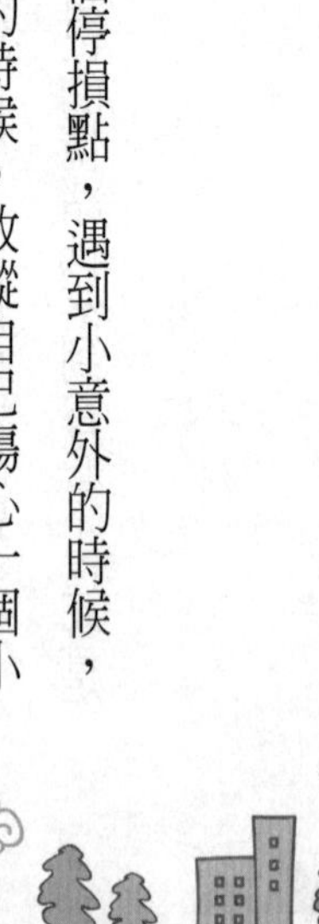

改變心態勝過改變事態

沒有絕對的壞事，只有被定義為「壞事」的事。不喜歡一件事物可是又無法改變它的時候，不妨試著把它想得美好一點。

一塊比房屋還要巨大的石頭在一次地震中從山頭滾落，不偏不倚，落在山下一處村莊的村口。

人們覺得這塊石頭既不美觀，又非常擋路，商量著要將它移走。

只是，比房屋還要高大的石頭是多麼沉重啊！就算把全村的壯丁集合起來，大夥兒同心協力也沒有辦法將它移動一毫一寸。

一天，有位高僧路經此地。村民聽說這名和尚是個非常有智慧的人，紛紛

向他請教移動石頭的方法。

高僧看看巨石，嘆了一口氣說：「這豈是人力可爲？」

人們聽了，個個非常失望地走了。

然而，第二天早上，有人發現這塊石頭變了！石頭的中央莫名其妙地出現幾個字，寫著「鎭村之寶」。

那雄渾的字體和碩大的巨石搭配得天衣無縫，更顯氣勢磅礡，村民們忽然發現：有塊巨石擺在這裡其實也沒有不好。

漸漸的，再也沒有人想要搬動這塊巨石了，它一直巍然屹立在村口，而村民們也受到了這塊巨石的影響，白天工作格外有勁，夜裡也睡得特別安心。

這塊石頭果眞是天上掉下來的寶物啊！

這個故事告訴了我們一種珍貴的處世智慧，那就是——當我們不喜歡一件

事物，可是又無法改變它的時候，不妨試著把它想得美好一點。

把擋路的石頭想成「鎮村之寶」，把那些討厭的小人想成要猴戲娛樂你的小丑，把兇巴巴的老闆當成磨練你的貴人，把不順心的事情視爲上天給你的考驗，如此一來，儘管你還是面對著同樣的人、同樣的事，但至少不會成天氣憤、感到委屈了，不是嗎？

世界上沒有絕對的壞事，只有被自己定義爲「壞事」的事。只要不賭氣看待發生的一切，不把事情想得那麼壞，你的生活、你的心情，甚至於你的運氣，自然就會變得好一點。

放大胸懷可以淡化陰霾

如果你的煩惱很多，那可能是因為你的世界很狹隘；如果你看不順眼的事情很多，那可能是因為你的心胸太狹窄。

十三歲的兒子自從上了中學以後，似乎有些適應不良，每天放學回家總是抱怨東抱怨西的。凡是學校裡的一切，他沒有一樣看得順眼，經常爲了一點小事而生上一整天的氣。

他的父親看在眼裡，感到非常擔心。

一次，兒子又在吃晚飯的時候向父親抱怨學校裡的事，父親聽了，沒有指責也沒有同情，只是叫兒子到廚房裡替他把鹽拿過來。

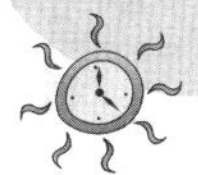

接著，他把鹽倒進水杯裡，讓兒子喝下去，並問他味道怎麼樣。

「鹹死人了！」兒子喝了一口，吐了出來，爲父親的舉動感到不解。

父親沒有說些什麼，只是叫兒子帶著一包鹽，跟他一起去湖邊。

到了湖邊以後，父親吩咐兒子把整包鹽撒進湖裡，然後對他說：「你現在喝一口湖水試試看。」

兒子按照父親的話，用手舀了一些湖水來喝。

「什麼味道？」父親問。

兒子回答：「涼涼的，很好喝。」

「有嚐到鹹味了嗎？」

「一點點，但是沒有關係。」

「是啊，一點點的鹹味，有什麼關係呢？」父親坐到兒子身邊，慈祥地對他說：「人生中遭遇到的痛苦就像這些鹽巴一樣，有一定的數量，不會多也不會少。你把鹽巴放在一個小小的杯子裡，會覺得很鹹，但是放在大湖裡，卻幾乎感覺不出來。既然我們無可避免地要承受這些痛苦，那麼不妨把自己內心的

容積放大，讓你的心成爲一座湖，而不只是區區的一杯水，這樣一來你的痛苦不也跟著變淡了嗎？」

縮小痛苦最有效的方法，就是放大自己。

如果你的煩惱很多，那可能是因爲你的世界很狹隘；如果你看不順眼的事情很多，那可能是因爲你的心胸太狹窄。

既然你沒有辦法改變那些得罪你的人與事，與其一味賭氣，不如盡力把它們對你的衝擊降到最低。

一顆隕石的墜落可能會摧毀一顆行星，但是卻不會損害到整個宇宙。要學著成爲大宇宙，而不是小星星。如果你已經擁有了整片銀河的氣魄與胸襟，又何必爲一些芝麻綠豆般的小事煩心？

把問題想簡單，才能輕鬆解難

一帆風順的時候，要把問題想得深、想得遠。真正遇到問題的時候，則應該要放鬆心情，儘量把問題想得簡單，想得樂觀。

有個國王覺得自己的丞相老邁無能，爲了測試這名丞相是故意裝傻還是眞的老糊塗了，國王想了一個方法來測試他。

國王將丞相軟禁在一個相當舒適的房間裡，房門上有一把密碼鎖，然後對丞相說：「如果你能夠想辦法讓自己出來，我就讓你繼續做丞相，否則，你就在這小小的房間裡終老吧！」

國王走後，丞相檢查了那把密碼鎖，用他聰明的腦袋思索了一下，立刻就

算出鎖的密碼一共有二十八萬種可能的組合。

「哼！這種雕蟲小技，怎麼難得倒我這精明能幹的丞相呢？」丞相心想。他又進一步算出，測試每一組密碼大約需要一分鐘左右，如果每天工作八小時，他最多只需要六百天的時間就能重獲自由。

想到這裡，丞相一分鐘的時間也不浪費，每天除了吃飯睡覺以外，把其餘的時間都用來測試密碼。

到了第六百天，丞相已經試過了二十七萬九千九百九十九組的密碼，只剩下最後一個密碼還沒有試過，他信心滿滿地在鎖上撥出最後一組密碼。但是，門鎖依然沒有被打開，鎖得牢牢的，一點兒動靜也沒有。

失望無助的心情瞬間擊潰了丞相，他發了瘋似地用力捶打大門，沒想到沉重的大門卻因爲他的敲打，緩緩地被推開了。

丞相仔細檢查這道門，才發現這道門雖然右側插著堅固的門栓，但是卻可以輕而易舉地從左側推開。他一直致力於破解門栓上的鎖，卻從來沒有仔細研究過這扇門。要不然，他早在第一天就可以走出去了！

思考一件事情要把事情想到最艱難的地步，解決問題則必須由最簡單的方法開始著手。

一帆風順的時候，我們應該要去設想種種可能會發生的問題，把問題想得深、想得遠。但是，當我們真正遇到問題的時候，則應該要放鬆心情，儘量把問題想得簡單想得樂觀。

既然問題都已經發生了，想再多也不一定有用，不如由淺入深，從能做的、最容易做的方式開始。

如此一來，就算不能在第一時間立刻解決問題，至少也可以省點力氣，留待以後爭一口氣！

別被環境抹殺了自己的個性

一個人適合什麼樣的位置，取決於個性與能力。如果想要讓自己得到更美好的生活，就要先讓自己「適合」那樣的生活。

有兩隻老虎，一隻被關在籠子裡，一隻生活在森林裡。

籠子裡的老虎有人餵養，三餐無憂；森林裡的老虎活蹦亂跳，逍遙自在。籠子裡的老虎總是羨慕森林裡的老虎可以享受無限的自由，森林裡的老虎卻羨慕籠子裡的老虎不必爲食物而發愁。

一天，不知道哪一隻老虎率先提議，向另外一隻老虎說：「不如咱們交換身分吧。」另外一隻老虎覺得這是個好主意，於是，籠子裡的老虎重新獲得了

自由，森林裡的老虎自願被關進籠子。

從籠子裡走出來的老虎感到無比開心，牠已經好久沒有這麼自由自在地伸展筋骨、揮動拳腳了。

被關進籠子裡的老虎也感到非常滿足，牠終於過著夢寐以求「茶來伸手，飯來張口」的無憂生活。

然而，沒過多久，兩隻老虎竟然都死了。

從籠子裡走出來的老虎雖然獲得了自由，但是卻沒有同時獲得捕食的本領，所以活活餓死了；關進籠子的老虎雖然生活得輕鬆安逸，但是卻無法適應狹小的生活空間，所以一天比一天不快樂，終至抑鬱而死。

有沒有平心靜氣想過，我們所過的生活，也許不是最令人滿意的，但是卻可能是最適合自己的？

每個人都希望能夠過得更好，但若沒有具備CEO的決策才能，缺乏豪門千金的高貴教養，沒有商業鉅子的投資膽識，也沒有天王巨星的抗壓能力，卻硬把自己放到那麼一個高高在上、看似美好的位置上，恐怕只會讓自己過得比從前更加不快樂。

一個人適合什麼樣的位置，取決於他的個性與能力。如果想要讓自己得到更美好的生活，就要爭氣一些，先讓自己「適合」那樣的生活，尤其是要想辦法讓自己去適應美好的生活中最不美好的那個部分。

量力而為才能掌握機會

一個人要知道自己的極限在哪裡，才能為自己設定目標，不盲目追求從天邊飛過的機會，努力抓住一切在自己身旁的機會。

有個漁夫每天早出晚歸的捕魚，雖然他非常辛勤地工作，但是卻賺不了多少錢。漁夫的心裡非常明白，靠捕魚維生，自己是永遠不會成爲富翁的。

那麼，要怎麼樣才會成爲富翁呢？

漁夫想起了父親臨終前對他說過的話，父親說：「附近的海底下有一艘裝滿了金銀珠寶的輪船，聽說是遇上暴風雨所以才沉沒的。孩子，要是你能夠找到它的話，這一輩子就都不用愁啦！」

於是，漁夫決定要碰一碰自己的運氣，他用白天的時間出海捕魚，夜晚則拿著手電筒賣力地尋找那艘傳說中的沉船。

或許是他的勤奮感動了老天，一天，漁夫出海捕魚的時候，突然覺得魚鉤一沉，怎麼拉也拉不上來。

這下子，肯定是釣到了一條大魚！

漁夫興奮地拉動釣竿，但是那條大魚卻似乎異常的沉重，他得採取拔河般的姿勢，才能緩緩的拉起魚竿。

啊，好不容易終於拉上來了！漁夫覺得眼前一亮，掛在魚鉤上的不是條大魚，而是一條金光閃閃的金鍊子。

「爸爸說得一點也沒錯，海裡真的有載滿金銀珠寶的沉船，這條鍊子一定是那艘船上的！」

漁夫高興得手舞足蹈，笑得好不開懷，可是，這條金鍊子不知道有多長，在漁夫的小船上繞了好幾個圈，眼看整艘船的空間都要被金鍊子佔滿了，還是看不見金鍊子的盡頭。

小小的漁船哪裡承受得了這麼多金屬的重量，漸漸一吋一吋地往下沉沒。

然而，漁夫只是一味地沉浸在他的發財夢裡，計劃著要用這筆錢買個大房子、買輛名牌跑車、送老婆漂亮衣服、帶全家人出國去玩……一點兒也沒有發覺腳底下的舢板因爲承受不了超量的負載，正慢慢地龜裂著。

此時，只聽見「轟」的一聲，整艘船突然沒入海中，漁夫因爲緊握著沉重的金鍊子，最後也只能帶著沒有做完的發財夢一同葬身海底。

態度，決定人生的高度

人生最失意的事情，莫過於機會來了，卻沒有能力抓住。

幾乎每個人都曾經像故事中的這名漁夫一樣，一邊努力耕耘一邊祈求上蒼的眷顧。然而，當幸運之神眞的出手拉你一把，眞的可以一飛沖天？還是只會飛上雲端，然後又狠狠地跌了下來？

人的潛力固然無可限量，但是人的能力卻大多有所限制。知道自己的極限

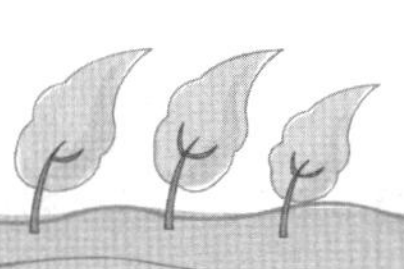

在哪裡，一方面可以保障自己的安全，不令自己招致危險，另外一方面也可以促使自己突破界線，更進一步。

更重要的是，一個人要知道自己的極限在哪裡，才能爲自己設定準確的目標，積極上進，爭取榮譽，而不是盲目追求那些從天邊飛過的機會，並且知道該努力抓住一切在自己身旁的機會。

羨慕他人的幸福，不如學會滿足

保全自己已有的，再得到別人所有的，當然最好。但若為了追求別的東西，必須放棄已經擁有的，必須經過謹慎的考慮。

話說烏鴉和喜鵲各佔一座山頭做爲領地。

烏鴉的山頭長滿各式各樣的奇花異草，遠遠看上去，像座大花園一樣美麗。喜鵲的山頭則長滿了各種樹木，綠油油的一片，也十分壯觀。

烏鴉望著對面山頭，時常感到羡慕，嚮往那片山裡綠樹成蔭的清涼，不像自己的領地全是些亂七八糟的植物，每一株都弱不禁風的，沒有一棵能遮陽擋雨的東西！喜鵲也經常望著對面的山頭夢想著，喜歡那座山上繁花盛開的美麗

景象，不像自己的這座山，全是些硬梆梆的大樹，簡直是毫無新意！

一天，烏鴉和喜鵲相遇，不約而同地互相稱讚對方的家園。烏鴉靈光一閃，提出要和喜鵲交換領地的建議，喜鵲也覺得這眞是個好主意。於是牠們一拍即合，當天就搬到自己的新家去。

烏鴉來到喜鵲的山頭，一開始覺得很新鮮，但是過了沒幾天，就開始感到枯燥和無聊，這裡不像牠從前的家，光是賞花就可以消磨一整天，烏鴉感到後悔不已，牠的新家除了樹木還是樹木，實在太單調了。

喜鵲也面臨同樣的狀況，高興個沒幾天，立刻就發現這座山頭雖然花團錦簇，卻缺乏可以棲身的大樹，找不到地方可以休息，眞是太難過了！

雖然烏鴉和喜鵲都對自己的新生活感到不滿意，白天的時候，牠們努力裝出快樂的樣子，但是到了晚上，卻徹夜難眠，痛苦不已。

人們總是渴望能夠擁有自己沒有的東西，這是一種很正常的心態。也由於這一股渴望，讓人們努力去追尋自己的夢想，努力讓自己過得和別人一樣好。

羨慕別人或許可以成爲我們進步的動力，但是在羨慕別人的同時，也應該要用客觀的角度，衡量一下自己所擁有的東西。

如果可以保全自己已有的，再得到別人所有的，當然最好。但若爲了追求別的東西，必須放棄掉自己原本已經擁有的，就必須經過謹愼的考慮。

我們之所以會羨慕別人，往往是因爲希望在自己已經擁有的幸福以外再錦上添花，比如說有了好身材，還要金頭腦；有了可愛的孩子，還希望他是資優生。但是，如果要我們犧牲現有的幸福來換取那些看似美好的事物，想必很多人都會頓時清醒，然後猛然發現，比起別人的幸福，自己擁有的幸福原來才是眞正不可或缺的。

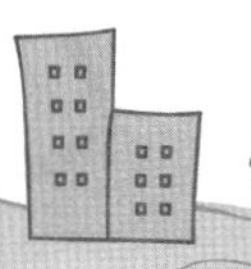

優秀的人，不會讓情緒控制自己

Manage your Emotions

培根曾經寫道：「**無論你怎樣表示憤怒，都不要做出任何無法挽回的事！**」

一個人的負面情緒會改變週遭的氣場，讓事情朝負面的方向發展。
不管做任何決定，如果受到情緒波動的影響，行為便沒有自主權，
最後只能無奈地受命運的宰割和擺佈。

成功的人，懂得控制自己的情緒；失敗的人，則容易受到情緒左右，
不懂得管理自己的情緒。如果你想成為優秀的人，
首先就要戰勝自己的情緒，不要讓情緒操控自己。

學會管理情緒，
別讓情緒左右自己

文蔚然——著

詩人朗費羅曾說：
重要的不是你站在那裡，而是該往那個方向移動。

在生命的地圖，找到自己的出路

FIND YOUR WAY

只有改變自己的心態，才能迎向最美好的未來

凌越 著

的確，在生的流程中，最重要的並不是如今的你置身在什麼環境，而是縱使身處逆境，仍然願意把握當下，
在人生的地圖上尋找自己的出路，走出一條屬於自己的道路。
想改變自己的世界，想迎向美好的未來，從現在開始，
就必須改變自己的思維模式，抱持著積極樂觀的心態，讓它指引自己的人生航向。

新生活大師

47

態度，決定人生的高度全集

作　　者　江映雪
社　　長　陳維都
藝術總監　黃聖文
編輯總監　王　凌
出 版 者　普天出版家族有限公司
新北市汐止區康寧街 169 巷 25 號 6 樓
TEL / (02) 26921935 (代表號)
FAX / (02) 26959332
E-mail：popular.press@msa.hinet.net
http://www.popu.com.tw/
郵政劃撥 19091443 陳維都帳戶
總 經 銷　旭昇圖書有限公司
新北市中和區中山路二段 352 號 2F
TEL / (02) 22451480 (代表號)
FAX / (02) 22451479
E-mail：s1686688@ms31.hinet.net
法律顧問　西華律師事務所・黃憲男律師
電腦排版　巨新電腦排版有限公司
印製裝訂　久裕印刷事業有限公司
出 版 日　2019 (民 108) 年 11 月第 1 版
ISBN◉978-986-389-688-3　　條碼 9789863896883

國家圖書館出版品預行編目資料

態度，決定人生的高度全集／
江映雪著.—第 1 版.—：新北市,普天出版
民 108.11 面；公分. - (新生活大師；47)
ISBN◉978-986-389-688-3 (平裝)

普 天 之 下 ‧ 盡 是 好 書
普天 出版家族
Popular Press Family
凌雲 文創
A-Plus Creative Company